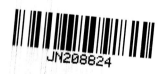

経営課題の解決に向けた
フレームワーク活用

地域中小企業、非営利的組織の
持続的発展のヒント

海野　進

三恵社

まえがき

地域の中小企業、小規模事業者においては、厳しい経営環境の中、企業の維持・存続を図るために経営の改善を進める、企業の更なる発展を目指して経営の革新を推進する、さまざまな制約等を克服し将来の成長を果たすべく経営力の向上（生産性の向上）を図る、など様々な経営活動を行い、企業として持続的発展をしていくことが求められています。

企業経営においては、その持続的な発展のために、マーケティング、財務管理などいろいろな経営活動を行うに際して、ＰＤＣＡサイクルなどマネジメントの実施が求められています。ＰＤＣＡにおいては、最初に必要になるのは、戦略に基づく計画づくりです。必要な経営計画を策定し、それに基づいて実行していくことです。

経営戦略の策定、経営計画、さらにはマーケティングの実施、財務状況の把握と管理など、様々な経営活動をしていかなければなりません。

このような着実な経営、戦略に基づいた経営を進めるに際して、指針となり活用できるのは、フレームワークです。

フレームワークは、現状を把握するのに優れていたり、課題解決に必要な視点を提供してくれたり、戦略的経営を進めるために必要な事項・手順等を提供してくれたりします。その意味において、優れた知見に基づく視点で構造を提示するのに優れており、重要な視点の抜け落ちなどが無いものであり、フレームワークは大いに活用していきたいものです。

フレームワークを活用するに際しては、課題を解決するための手順を踏んだ取組み（フローチャート）の中で実施していくことが効果的です。

また企業における経営会議などで検討する、実行する、階層段階別に検討する、実行する、という場合に、フレームワークを活用しますが、その際、フレームワーク・シートに基づいて行うと、大変効果的です。

NPO などの非営利的組織においてもフレームワークの活用は大変有効です。経営の改善、経営の革新のためのフレームワーク活用というと、企業経営のためだけのもののようにみえますが、そうではありません。非営利的組織においても、経営を安定的に行い利益を次年度につないで発展していくこと、事業活動を継続していき非営利的組織としての使命を果たしていくことが必要です。そのためには、企業経営で培われた知見、ノウハウを応用、活用して、存続発展していくことが肝要です。

本書においては、各節の構成は、【課題】、【課題解決フローチャート】、【対応策フレームワーク】、【各経営主体のためのヒント】（＜地域中小企業＞、＜ＮＰＯなどの非営利的組織＞）となっています。

課題を提示し、その課題解決のためのフローチャートを示しています。そのフローチャートの流れの中で、フレームワークの具体的な活用を提案しています。そして、＜地域中小企業＞においては地域の中小企業、小規模事業者に向けたさらなるヒント、コメントを、＜ＮＰＯなどの非営利的組織＞については、企業経営の手法の活用による持続的な発展のヒントを記述しております。

フレームワーク＝枠組みを有効に活用してもらうため、書き込める様式としてのフレームワークを示しました。フレームワーク・シート・ノートのようなものです。実際に経営の改善、経営の革新を目指す地域中小企業やNPOなどの非営利的組織などにおいては、このフレームワークの様式に書き込みをしながら、具体的な経営活動に役立てていただきたいと思います。

地域中小企業経営者、小規模事業者、ＮＰＯなど非営利的組織の経営者、さらにはこれらを支援されておられる関係者など多くの方々に、大いに活用していただいて、地域中小企業、非営利的組織等の持続的発展に役立てば大変幸いです。

２０１７年春

海野　進

目　次

第１章　戦略的な経営

第１節　現状の低迷から脱却のためのマネジメント

【課題】

中小企業数の推移をみてみると、長期にわたり減少傾向にあります。

中小企業は、2004 年から 2014 年の 10 年間に 12%、51.7 万者減少し、特に小規模事業者は 14%、52.5 万者減少しています（2016 年版中小企業白書）。（図表１－１－１）

図表１－１－１　中小企業は長期にわたり大きく減少

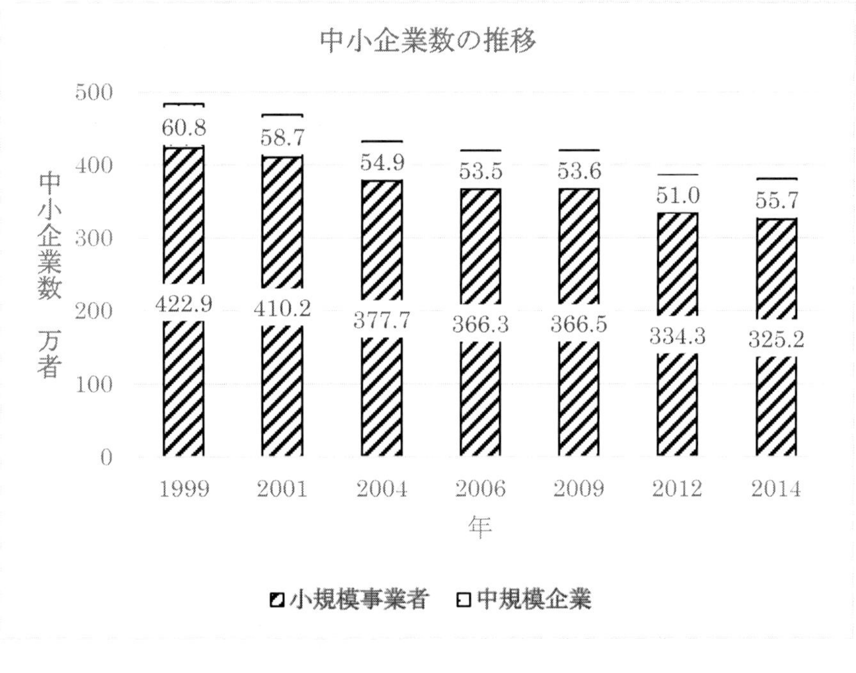

また、収益性については、大企業に比べて中小企業は低く、特に小規模企業の収益性は低くなっています（2015年版中小企業白書）。（図表１－１－２）

図表１－１－２　大企業と比べて収益性が低い中小企業

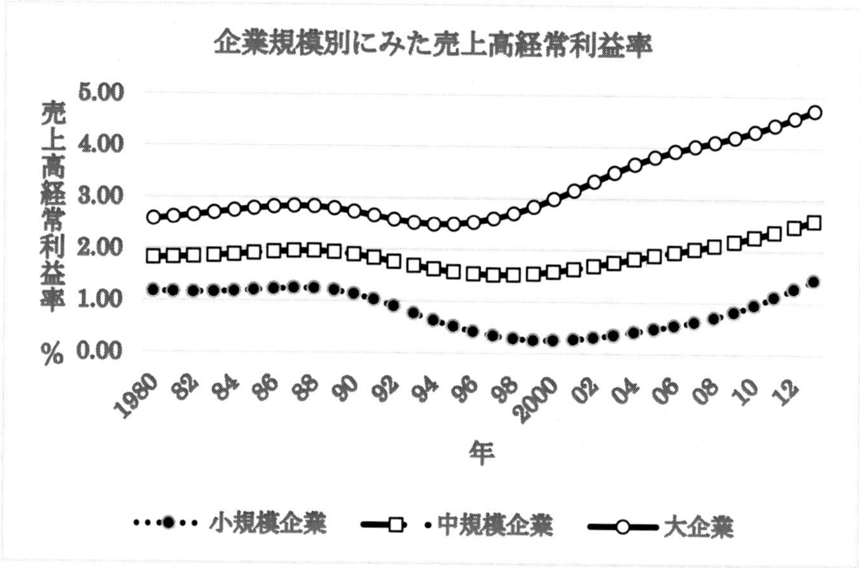

つまり、全企業数の99.7%を占める中小企業の経営においては、売上の低迷、利益が出ないという状況に直面しているところが多いという状況です。

多くの中小企業、小規模事業者においては、現状の低迷から脱却し発展していくことが求められています。そのためには、効果的に**マネジメント活動を進めること**が重要になってきます。

具体的にどのように、効果的にマネジメント活動を進めていくかです。

【課題解決フローチャート】

現状の低迷から脱却し飛躍を目指すために、マネジメントの推進が重要です。企業におけるマネジメント力の育成、発展です。

そのためには、現状のデータ把握、現状の低迷の要因・原因の分析、要因・原因の構造化、経営の改善（革新）のための計画づくり、PDCA の実施、そしてトータルマネジメントの推進に取り組むことが大変重要です。（図表１－１－３）

図表１－１－３　　現状の低迷から脱却して、飛躍を目指す
－マネジメント力の推進

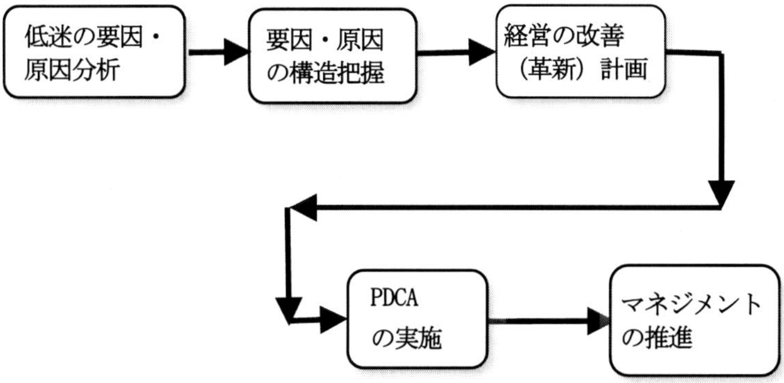

筆者作成

【対応策フレームワーク】

１．低迷の要因・原因分析

売り上げの低迷、利益が出ないことについて、要因・原因を探します。データをもとに分析をします。（数値データの把握については第４章第２節を参照）

具体的には、

・３C 分析

・SWOT 分析

・MECE な分析

・ファイブフォース分析

などをまず行います。

（1） 3C 分析

3C 分析は、企業において「顧客（Customer)」、「競合他社（Competitor)」、「自店（社）（Company)」の視点で、現状とその課題を把握する基本的な分析手法です。(図表1－1－4）

図表1－1－4　現状の把握 3C分析
（地域特産物等販売ショップの例）

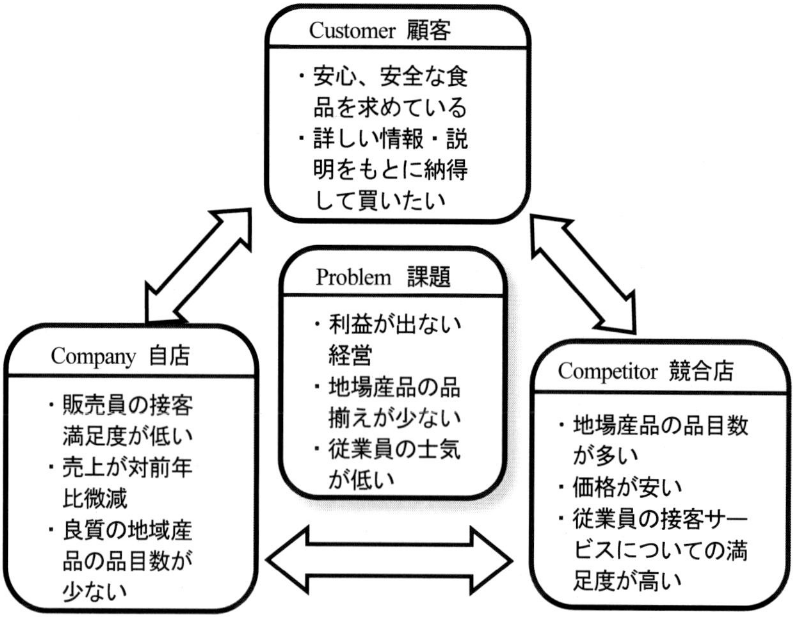

筆者作成

Customer 顧客は、市場分析、顧客の消費動向などの状況把握です。例えば[1]、地域特産物等販売ショップに関しては、安心安全な食品、身近な地元で作られた物への志向があります。

Competitor 競合店、競合相手については、例えば食品スーパーがあり、農産物直売所があります。そこにおいては、調査の結果、地場産品の品揃えが良い農産物販売所があって従業員の接客サービスが良いことがわかりました。

それに対して、Company は自店、自分の会社ということです。自店においては、顧客満足度調査結果から販売員の接客がよくないということが確認され、また、良質の地域産物の品揃えが少ないことが確認されたとします。

これらから、良質の地域産物の品揃え、従業員の接客技術の向上、利益を生み出す経営活動の実践の必要性などが課題として把握されます。

（２）SWOT 分析

SWOT 分析は、外部環境の機会、脅威のなかでの、内部環境の強み、弱みを把握・確認して、今後の企業経営に役立てようというものです。（図表１－１－５）

Opportunities－機会と Threats－脅威は、経営環境、外部環境にかかる分析です。機会は経営環境における可能性であり、自社・自店が強みを発揮できる分野です。脅威は、経営環境において競合が力を発揮しているところであり、自社・自店に対してマイナスの影響を与える要因です。これらを確認のうえ、自社・自店の強み、弱みを確認します。

Strengths－強みと Weaknesses－弱みは、経営資源、内部環境にかかる分析です。自社の内部的な強み、組織の強みは何か、アピールできるものを確認します。弱みに関しても、競合と比べた自社の弱みを確認することです。経営資源における弱みの把握です。

これによって、売り上げが低迷している要因・原因、利益が出ていない要因・原因を抽出、確認します。

また、図表１－１－６のように、外部環境、内部環境の要素別に把握して、整理することも必要です。

図表1－1－5　SWOT分析

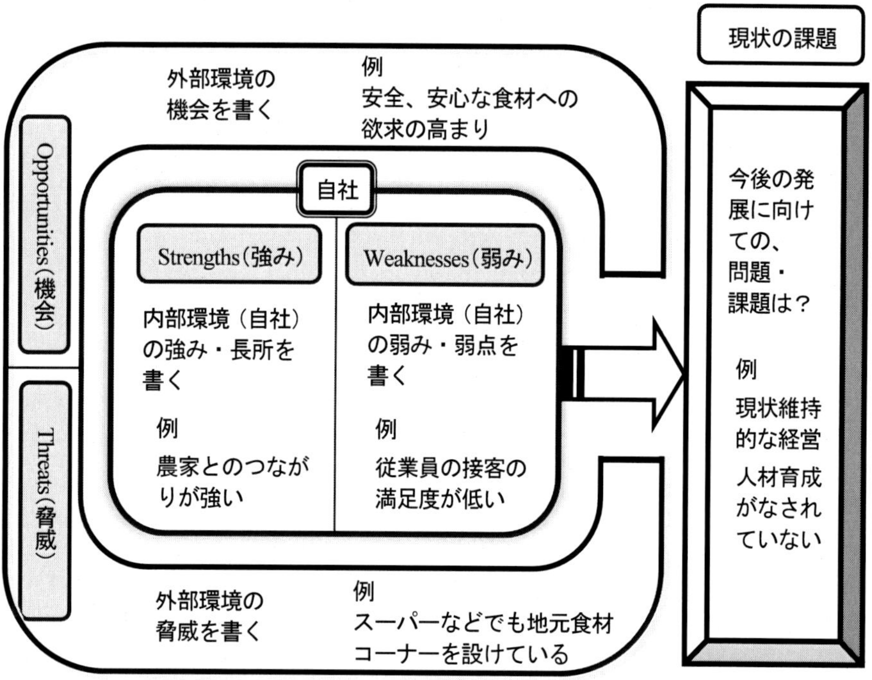

筆者作成

図表１－１－６　SWOT 分析表（機械メーカーの例）

ＳＷＯＴ分析表　Ｉ

<table>
<tr><td rowspan="5">外部環境分析</td><td colspan="2">【機会】（Opportunities）</td><td>【脅威】（Threats）</td></tr>
<tr><td>マクロ環境</td><td>➢機械は、多品種・少量生産で中小企業性が強い。
➢技術水準の高低が受注に直接影響するため、新技術への取り組み状況がポイントとされる。</td><td>➢機械は、資本財であり、景気動向に左右される。
➢機械製造業は、AI 化、高速化、低価格化などユーザーニーズは一層強まっている。</td></tr>
<tr><td>市場環境（業界）</td><td>➢大手機械メーカーが撤退した部門の機械は売れる可能性がある。
➢機能などが充実した機械であれば、十分に通用する。</td><td>➢大手機械メーカーは、サービス体制にも定評がある。
➢大手機械メーカーが、IOT の導入を進めている。</td></tr>
<tr><td>競合環境（競合他</td><td>➢</td><td>➢同業種の大手機械メーカーは４社ある。</td></tr>
<tr><td>その他</td><td colspan="2">➢大手機械メーカーの動きに左右される</td></tr>
</table>

ＳＷＯＴ分析表　Ⅱ

内部環境	【強み】(Strengths)		【弱み】(Weaknesses)	
	量	質	量	質
ヒト	➢	➢設計・加工・組立の一貫体制による技術力がある。	➢売り上げに比して従業員が多い。	➢技術力が従業員によってバラツキがある。
カネ	➢当座比率、流動比率が高く、支払い能力は高い。	➢自己資本が多く、固定比率、固定長期適合率は良い。	➢流動資金が余っている。	➢
モノ	➢製造品１台あたりの単価が高く、生産台数は多くない。	➢	➢外注加工が○○千円である。	➢IOT の導入が進んでいない。
情報	➢	➢	➢	➢生産現場の見える化がされていない。

（３）MECE な分析

MECE（Mutually Exclusive and Collectively Exhaustive）は、重複なく・漏れなくという意味で、要因・原因を探す際には重要です。具体的には、会社として売り上げが低迷しているときは、その会社の組織や部門別、また経営資源別など漏れがないように分析・検討に取り組みます。

例えば、部門別は、

会社組織からみると、

・管理部

・製造事業部

・通販事業部

・店舗事業部

に分けられる場合は、その各部ごとに売り上げ低迷の要因・原因を、データをもとに検討します。

販売部門別にみると、青果（野菜類、果実類、等）、水産（魚介類、塩干物）、畜産（食肉類、肉加工品）、一般食品（調味料、乾物、等）、日配（豆腐、こんにゃく、等）、総菜（総菜、揚げ物、等）、非食品（日用雑貨品、医薬・化粧品、等）、その他（テント売上高、ギフト販売、等）という商品等の分類の場合（スーパーマーケットの例）は、この商品分類部門に検討します。

また、農産物販売所において、

・農産物直売（野菜、コメ、果実、花）

・畜産物販売（精肉、卵）

・加工販売（弁当、総菜、加工品）

・海産物直売（塩干物）

・その他加工品（一般食品、菓子）

という部門別の場合は、その部門別に売上高・客数・客単価の推移及び品目別の状況並びに時間帯別の状況などのデータもとに、どの部門、品目が売れていないのか、客数が低下しているのか、客単価が落ちているのかをみます。

客数、客単価に関しては、性別、年齢別、地域別にさらに詳しくみてみることが必要になります。

また、マーケティングの４Ｐである、

・Product（製品）

・Price(価格)

・Place(流通)

・Promotion(プロモーション)

という視点ごとに、製品そのものの特性等が良いのか、価格が適正か、流通チャネルが良いか、PR の仕方がどうかという各視点での要因・原因分析も必要です。マーケティングの４Ｐの視点での要因・原因分析です。

バリューチェーン分析的に、主活動と支援活動の各活動について分析することによっても見落としなく分析ができることとなります。つまり、主活動については、内向きのロジスティクス(組織内への調達物流など)、オペレーション（計画、連絡調整、実行など)、外向きのロジスティクス（外部への出荷物流、配送)、マーケティングと販売、サービスという活動ごとに分析します。支援活動については、企業のインフラストラクチャー（経営理念、経営組織、機能分担、組織風土・文化など)、人的資源の管理、技術開発、資材調達という各支援活動について、売り上げ低迷等の要因・原因の分析、検討をします。(バリューチェーンについては第１章第３節参照)

さらに、経営資源の人、モノ、カネ、情報について棚卸をして、現状を把握するということに取り組んで、問題点、課題を把握してみます。(図表１－１－７)

（４）ファイブフォース分析

ファイブフォース分析は、マイケル・ポーターが提唱した手法で、当該企業が属している市場、業界についての収益性などの構造を把握するフレームワークです。

具体的には、当該市場、産業について、

・新規参入業者

・代替品（間接競合)

・供給業者

・買い手（顧客)

・競争業者（直接競合)

の５つの要因による複合的な状況を把握します（図表１－１－８)。そのうえで、市場、業界の中における自社の状況、売り上げ低迷、利益がでないという状況の要因・原因を分析します。併せて自社の方向性、戦略の検討の素材とします。

図表１−１−７　経営資源棚卸分析フレームワーク・シート

経営資源		長所	短所	今後の発展に向けた課題
人	*人、モノ、カネ、情報ごとに、具体的な経営資源を書き出してみる*	*自社（組織）の経営資源毎に、長所、短所を書き出して、検討する*		*長所、短所の状況を踏まえて、自社（組織）の課題が何かを考える*
モノ				
カネ				
情報				

図表１−１−８　　ファイブフォース分析

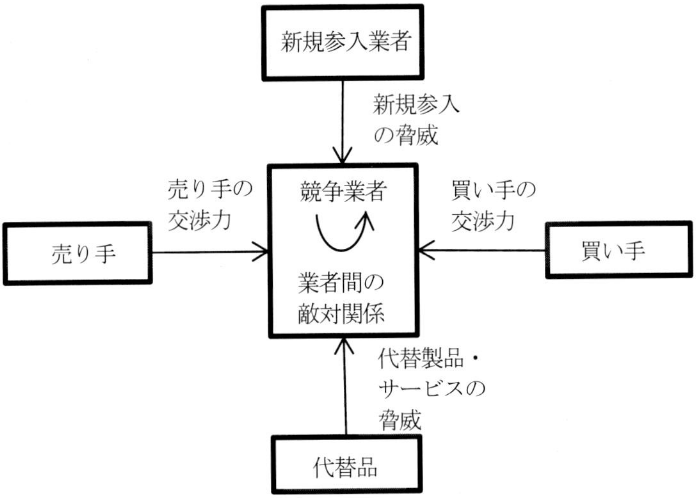

ポーター『競争優位の戦略』

図表１－１－９　　ファイブフォース分析（食料品小売業の例）

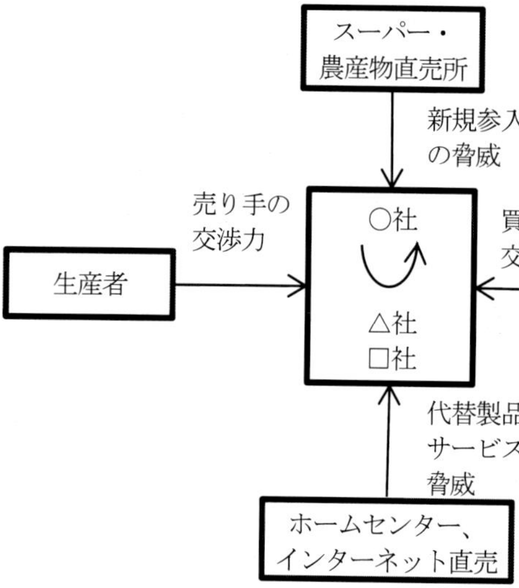

筆者作成

例えば、食料品小売業の場合においては、新規参入する可能性の高いスーパー等の動向、直接仕入れしている農家のサイドの値上げ要請の状況、生活者の動向、種苗販売のホームセンターの販売動向、同種の競合店の売り上げ動向などを把握・確認します。(図表１－１－９)

これらの現状確認の上で、自社の売り上げ低迷、利益減少の要因・原因を考えます。

ともかく、いろいろな部門、視点について、抜け落ち、重複がないように、いくつかの手法によって、分析、検討をし、要因・原因をひらいだします。

２．要因・原因の構造把握

今まで述べた手順、作業を行って、要因・原因を洗い出します。

売上の低迷、利益が出ないことについての要因・原因、そのうち主要と考えられる要

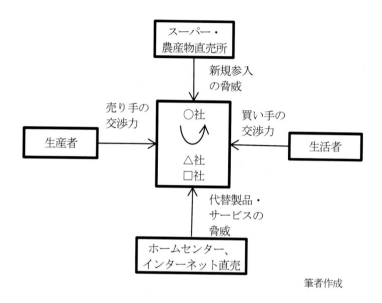

因・原因を洗い出します。

要因・原因については、因果関係を把握することが大事です。何がより大きく影響しているのかについて、把握することが必要です。そのため、因果関係については、要因・原因を因果関係的に検討します。それをロジックツリー形式で階層化して、因果関係図として書き出してみます。それによって、対策を考えてみることが重要です。（図表１－１－１０）

図表１－１－１０　因果関係図－ロジックツリー分析

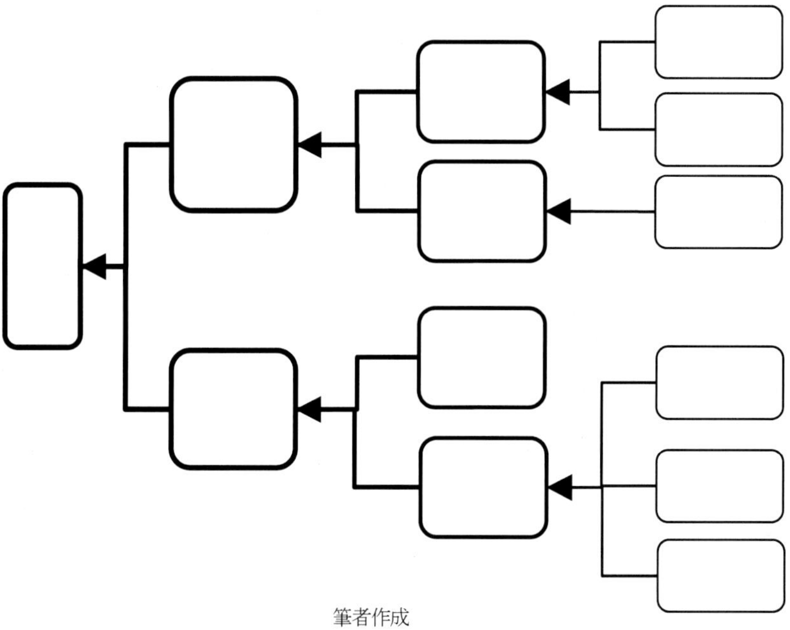

筆者作成

例えば、地域特産物等販売ショップの例においては、ありきたりの商品が多く優良な地域特産品が少ないということが、品揃えの悪さに表れており、接客サービスの悪さと相まって、マーケティング面のまずさにつながっていることがわかります。（図表 1-1-11）

図表１－１－１１　因果関係図－ロジックツリー分析

（地域特産物等販売ショップの例）

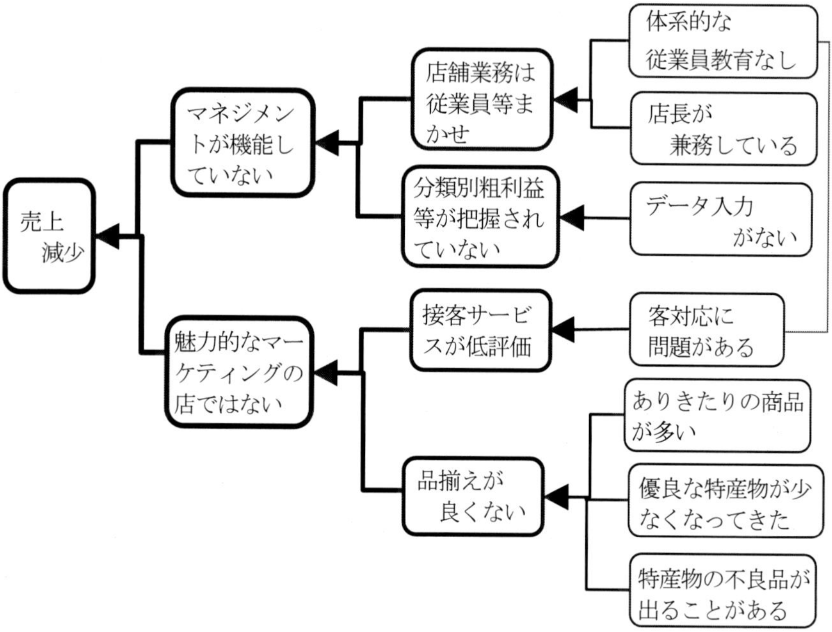

筆者作成

また、因果関係について、主要な要素ごとに要因を体系的に示す特性要因図で書いてみることも大事です。

例えば、売上高の減少の要因を、マーケティング・ミックスごとに書き込んで、構造的に把握、確認します。（図表１－１-１２）

ともかく、売上高の低迷の要因・原因、利益が出ない要因・原因＝経営課題（経営上の問題）について、構造化、重みづけ、解決すべき優先順位、などを検討し、整理します。

図表１－１－１２　特性要因図分析フレームワーク・シート
マーケティング・ミックスの分析フレームワーク（例）

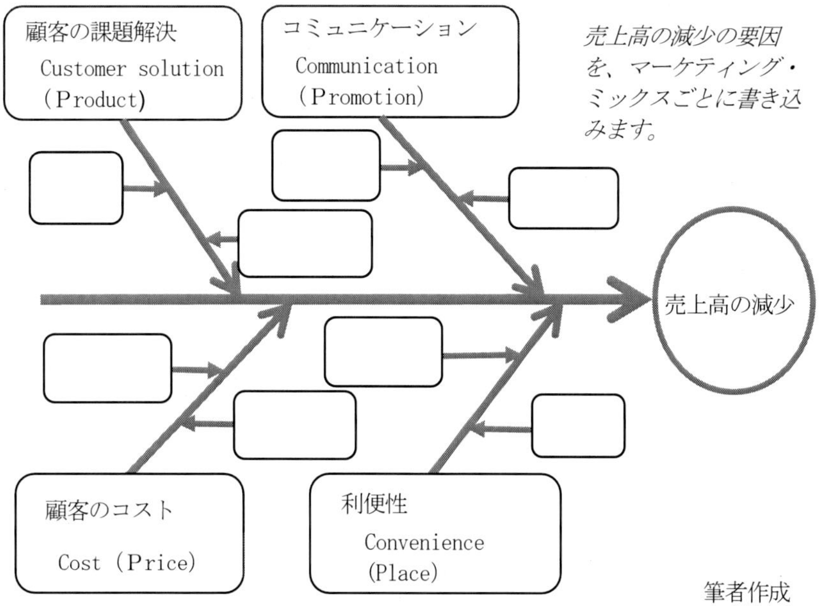

筆者作成

３．経営の改善（革新）計画

（１）経営戦略

売上高の低迷の要因・原因、利益が出ない要因・原因を確認したら、この要因・原因を克服し発展を目指す戦略を立てます。この具体的な戦略に基づいて経営活動に取り組む必要があります。

しかし、戦略の検討、実行の前に、経営理念の確認をします。経営理念を基礎において戦略を考えていく必要があるからです。

経営理念は、企業のよって立つ最も基本的な哲学や精神、企業の経営諸活動のよりどころです。組織の目的の理念（この企業は何のために存在するか。社会的貢献など。）と経営行動の規範についての理念（経営のやり方についての理念。顧客とともに生きる、人間尊重経営、など。）で構成されています。[2)]

この経営理念を再認識したうえで、**経営戦略**を考えます。

売上高の低迷の要因・原因、利益が出ない要因・原因という経営課題に対してどうしていくかです。経営課題（経営上の問題）を気の付いたものを列挙して、経営の改善策の内容も思いつくものを挙げて、それを整理するというものが往々にしてみられます。

経営の改善策は、経営課題解決のための重要成功要因は何かを考えます。重要成功要因実現のための具体策を検討します。これらをいくつかひらい出して、

- 構造化
- 重みづけ
- 優先順位

を考えます。

そして、経営課題と経営の改善策については、論理的に結びつけ、構造化した課題に対応して、経営の改善策もロジックツリー形式など図解化して整理します。

今後の経営の改善・革新の方策についても、構造化、重みづけ、優先順位を考えていきます。

それを、具体的な経営戦略としてまとめます。目標、目標実現のための取り組み・経営活動の進め方、経営資源の活用計画など、目標実現のためのシナリオ・基本設計図をまとめます。

経営目標は、企業の成長・利益等についての具体的な目標です。定性目標（健康に気を使っている多くの顧客に支持される、など）と定量目標（○○市の 60 歳以上の人におけるシェアを 10%にする、など）が掲げられます。戦略目標をこのような形でまとめることが効果的です。

そして、戦略目標（経営目標）とそれを実現する戦略的取り組みをツリー形式でまとめると組織の共通認識として納得が得られやすくなります。

例えば、顧客満足度を高め、今後 5 年間において毎年 10%の利益増加を実現する。そのために、経営会議において経営データによる PDCA の着実な実施をする、新商品の開発など魅力的な品揃えの実現に取り組む、体系的な人材育成による質の高い従業員のサービス提供に取り組む、ということなどが考えられます。

経営戦略を具体化し、また、経営課題の解決に向けた経営の改善策を盛り込んだかたちで、経営計画を策定します。

経営計画（中期）は、

売上計画（何を、どれだけ、どのように売るか）

生産計画

財務計画（損益計画、貸借対照表計画、資金計画、など）

設備計画

組織体制・人員計画

などを策定します。

また、この各経営計画を年度ごとの計画＝**年度計画**として具体化します。

４．PDCA の実施

策定した経営計画(Plan)に基づいて、経営活動の推進です。PDCA のマネジメント・サイクルの実施です。(図表１－１－13)

具体的な実行（Do）のためには、必要な人、モノ、カネを、採用、仕入れ、借入をします。そして、生産（加工、組み立て、検査等)、配送・流通、マーケティング、資金管理、売上・経費等の経営管理の実施です。そして実行について目標管理、予算管理をします。

１週間、１か月、３か月と実績が出てきたら、計画と実績の検討（Check）です。売上実績、生産実績、在庫実績、一人当たり売上高・利益額、回転期間、月次決算（損益計算書、貸借対照表)、四半期決算などに基づいて、計画との比較、差異の分析、差異の原因について、経営会議において検討します。また、各部門、現場ごとにその部署にかかる計画と実績について検討するということも行います。

この検討を踏まえて、次の週・月・期において、どのように取り組むか、生産（加工、組み立て、検査等)、配送・流通、マーケティング、資金管理、売上・経費等の経理管理において、計画の修正、修正アクションプランを決めます。(Action)

図表１－１－１３　マネジメント・サイクル＝PDCA

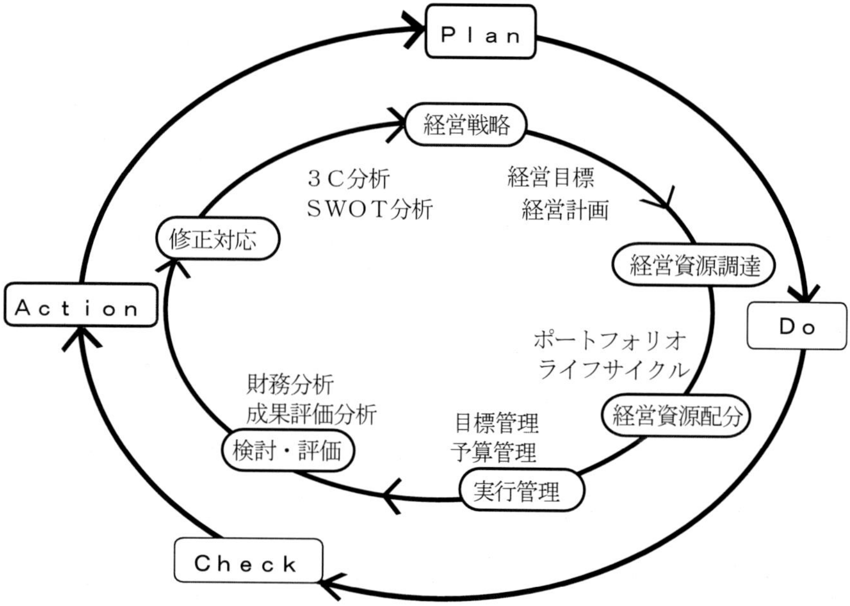

筆者作成

この修正計画、修正アクション（次の Plan）に基づきを経営活動の実施です。

このような PDCA サイクルの実施ですが、実際は、CA の部分から取り掛かり、それをサイクル化して、継続的に実施します。CAPD 化です。

また、企業の部、課、班など各段階において PDCA を行って、それを職場内に掲示することによって成果をあげている企業もあります。

さらには、PDCA を PDSA として高めていきたいものです。この S は Study の S です。PDCA サイクルの実施によって、組織内に実績→検討→修正アクションを実行するという仕組みが根付きます。このサイクルの実施によって各部門・現場においては、こういう結果が出たらこのように改善・修正アクションを起こすということ、また実績が下がらないようにするためにはこのようなことに取り組むというノウハウ、知恵が蓄積されてきます。組織学習による知恵、ノウハウ蓄積、つまりは、Study が行われるということです。組織内における資産として育成・発展が行われるということです。

このように PDCA サイクルを PDSA サイクルに高めていくことが今後の発展につながります。

５．トータルマネジメントの推進

PDCA サイクルを回していくこともマネジメントです。単に、PDCA サイクルというシステムを進めていくだけでなく、このシステムが活きるように取り組むことが大変重要です。

PDCA サイクルのような仕組みをより効果が上がるように、率先して実行し、また各部門、段階で実行するよう誘導し、指導し、声掛けをし、実施させるという活動がマネジメントです。経営資源を、統合し、調整して、目的実現を図っていくことです。

それは、組織を活かす活動です。

そのために、

・仕組み化

・見える化

を行います。

（１）仕組み化

仕組み化は、人が変わっても、だれが行っても一定の成果、効果が出るように、定型化、手順化するものです。

それは、手順書、実施要領、規則、規程であり、マニュアルであり、社内の取り決め、システム等です。

PDCA の定期的実施（月次、部門別）や QC 活動、小集団活動を定期的に組織において習慣的に定期的に実施することも仕組み化されたものです。

厳しい状況にある小売業界において発展している「無印良品」においては、2000 ページ以上のマニュアルがあり、仕組み＝マニュアルによって、問題解決のスピード化をはかり、売り上げとモチベーションのＶ字回復をさせているそうです。[3)]

企業においても、

・仕組み化されているものは何か

・機能している仕組みは何か

・今後の発展のために根付かせていくべき仕組みは何か

について、確認、点検をします。そして、それぞれの企業にふさわしいもの、育成していくべきもの、定着していくべきものを検討します。それぞれの企業に必要な仕組みを創ること、定着させることにも取り組むことが必要です。

（2）見える化

見える化 4)は、各段階において、改善・革新に必要な情報を、すぐに把握できるように、常時または定期的に、トップ＆ミドル＆社員に把握できるようにすることです。そして、それをトップ＆ミドル＆社員が把握、チェックし、それをもとに改善、革新行動をとることです。

各段階において、改善・革新に必要な情報を、見えるようにする

↓

トップ＆ミドル＆社員が　把握、チェック

↓

トップ＆ミドル＆社員が　改善、革新行動をとる。

そのため、ポイントは、

・データ・実績の把握＆視覚化（グラフ化）

・周知＆みんなで見れる

です。

これによって目指すのは、

・マネジメント（経営管理）活動の着実な実施

・社員のやる気、意欲、向上心の向上

・経営の改善、経営の革新の実践

です。

これらの見える化のため、見える化にかかるフレームワーク・シートによって、検討して改善していきます。（図表１−１−14）

図表１−１−14　見える化の状況と改善検討フレームワーク・シート

区　分		内　容	頻　度	課　題	改善（案）
共通		経営理念、経営目標	常時	*＜周知していない、取組んでいない、一部の部門にとどまっている、などを記入　以下同じ＞*	*＜左の課題に対応して、今後何をどのように見える化に取り組むかを検討し、記入　以下同じ＞*
		経営計画	常時		
		財務諸表（年次、月次）	年次 or 月次		
		マニュアル	常時		
		キャリアプラン、研修計画	常時		
経営階層	トップ	売上高、粗利益、経常利益の年計	毎月		
		製造原価、販売管理費の年計	毎月		
		勘定科目別の今期予測（予算）額と当月までの累計	毎月		
		損益分岐点比率（全体および部門別）	毎月		
		売上債権の回転期間	毎月		
		棚卸資産の回転期間	毎月		
		部門ごとの売上、粗利益、営業利益の計画と実績	毎月		
	ミドル	損益分岐点比率（全体および部門別）	毎月		
		部門ごとの売上、粗利益、営業利益の計画と実績	毎月		
		部門別、個人別の生産性	毎月		
		部門ごとのPDCA	毎月		
	現場	部門ごとのPDCA	常時		
		個人別の営業成績	毎月		
		職員の能力表、資格表	常時		
		部門別・個人別の改善提案数	常時		
		個人別の研修計画、キャリアプラン	常時		

※見える化の内容は、考えられるものを記載してあります。自社で行っているものがあれば追加してください。

停滞している企業においては、トップがこの仕組み化、見える化を導入しても、この仕組み化、見える化を活かす活動を、リーダーシップを持って行っていないことなどに起因していることが多いのが実態です。

仕組み化と見える化を進め、またこの仕組み化、見える化がマンネリに陥らないように、トップを中心に各段階においてマネジメントしていく、仕組み化・見える化を活かしていく活動を、継続的に行っていかなければなりません。

【各経営主体のためのヒント】

＜地域中小企業＞

企業のマネジメントにおいては、まず、他人に協働してもらう－企業に働く人々が協働的に活動するように条件の形成と維持を図る**組織のマネジメント**を行うとともに、企業がそのおかれた環境の中で企業の進むべき方向に向けた活動をする**環境のマネジメント**を進めます。また、このように経営を進める中で発生してくる矛盾を発展につなげていくという**矛盾と発展のマネジメント**を行います。[5)]（図表1－1－15）

このマネジメント活動によって、地域中小企業、小規模事業者として、発展していくこと、生産・販売、仕入れ・外注、人の雇用を継続していくことが、その社会的使命・ミッションです。

特に地域中小企業においては、販路の開拓が重要になります。そのため、技術力、特長を磨き、マーケティングを推進していくというトータルマーケティングが求められます。

いずれにしても、経営は、経営資源を統合し調整して、経営目的を実現していくための諸活動です[6)]。この活動によって地域社会に貢献していくのです。そのための経営活動を進めます。

図表１－１－１５　企業のマネジメント

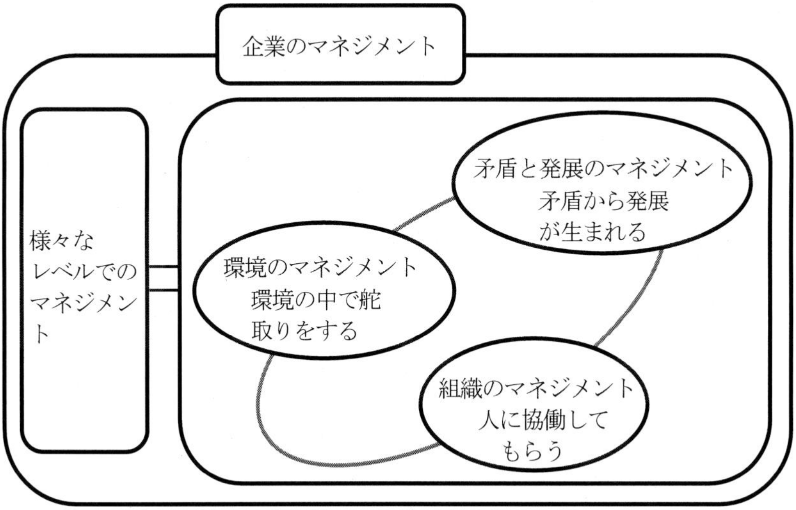

参照：伊丹敬之・加護野忠男(2003)『ゼミナール経営学入門』日本経済新聞社　p.6-p.17 に基づいて筆者作成

＜NPO などの非営利的組織＞

社会福祉関係施設、地域スポーツ団体、NPO、地域特産物生産販売所などの非営利的組織においても、存続し、その事業所の役割・機能を果たしていくこと、それを継続していくことが、社会的使命です。

そのために、存続していくための利益の確保のための**損益管理**、資金ショートしないための**資金管理**、従業員にやる気を持って働いてもらうための**人的資源管理**、利用者に満足してもらうための**製品・サービスの提供活動**、など様々なマネジメント活動に取り組みましょう。

経営感覚を持って取り組み、成果を上げて、組織を存続発展させるために、トータルマネジメントを推進します。

1) 本書における地域特産物販売ショップ、道の駅、農産物販売所などの例は、道の駅の調査報告書等にもとづき筆者が架空のものとして想定した例です。以下本書においての他の例も同様です。（特に出典を明記してあるものを除きます。）

また、本書において例、記入例などとして挙げている事例は、参考文献等を参考に筆者が考えて想定した事例です。

2) 伊丹敬之・加護野忠男（2003）『ゼミナール経営学入門　第３版』日本経済新聞社、手塚公登・小山明宏・上田泰（2002）『経営学再入門』同友館など。

3) 松井忠三（2015）『図解　無印良品は、仕組みが９割』KADOKAWA。

4) 小山昇（2009）『経営の見える化』中経出版などを参考にしました。

5) 伊丹敬之・加護野忠男（2003）『ゼミナール経営学入門　第３版』日本経済新聞社。

6) 海野進(2009)『地域を経営する－ガバメント、ガバナンスからマネジメントへ』同友館。

第２節　戦略的な経営の取り組み

【課題】

中小企業、小規模事業者の中には、赤字経営が続き債務超過になっている事業者、資金繰りが苦しいため借入金の返済計画の見直し＝返済期間や返済金額の約定を変更せざるをえない事業者があります。

このような経営に問題がある事業者においては、

・経営悪化の対策として、小手先の対策をとって、抜本的な対策を取らない

・現状延長的な経営に終始する

・技術にはこだわるが財務に興味がない職人的な経営者による経営

・結果・成果を直視せず、目の前の仕事に忙しい経営

という状況がみられます。

このような事業者においては、抜本的な改善＝革新が必要となります。

もちろん、このような状態にまで至っていなくても、企業の存続発展、将来的な市場の変化に対応するため、経営の改善、経営の革新に取り組まなければならないことは言うまでもありません。

会社経営においては、変化する外部環境とマンネリ化しやすい内部環境に、先手を打って改善、革新を行っていく必要があります。経営の改善、経営の革新に戦略的に取り組むことです。

戦略的な経営に、どのように取り組むかです。

【課題解決フローチャート】

企業の発展を目指し、戦略的な経営を進める場合、目標をどうするかです。次に、自社が持っている経営資源を活性化し、これらに連関を持たせることが必要です。人材に問題があれば人材の育成に取り組む必要があります。スキルが不十分な製造業であれば、OJT の実施、資格取得の勧奨、多能工の育成などを進めなければなりません。経営資源の要素のうち、強みを伸ばし、弱みを補正、改善をしなければなりません。

そのうえで、戦略実行のためにバランス・スコアカードに取り組みます。このような

取り組みによって、戦略目標の実現を図ります。

具体的には、

1．戦略目標の設定

2．７Sの連携による経営活動の推進

3．バランス・スコアカードの実施

4．目標の実現

というステップで取り組みます。（図表１－２－１）

図表１－２－１　　　戦略的な経営に取り組む

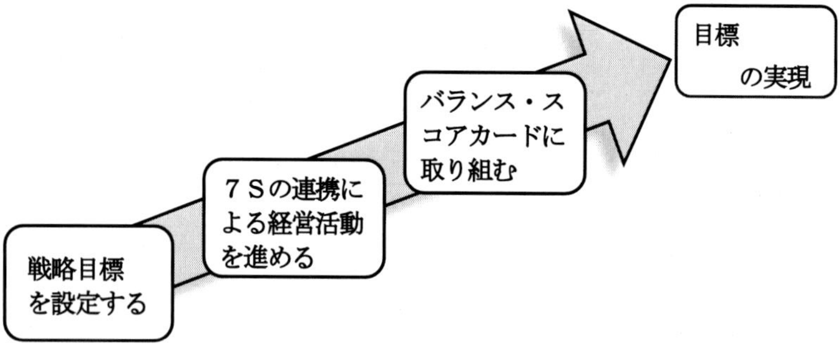

筆者作成

【対応策フレームワーク】

1．戦略目標を設定する

企業の発展、現状からの脱却を図るためにどうするかを考えます。そのためのビジョンを策定します。3年後、5年のありたい姿です。〇〇地域のトップとなる、シェア　20%を達成する、などです。

このビジョンを実現するために、まず、戦略目標を立てます。

具体的には、

・企業としての戦略

・部門別（事業別）戦略

・業務別戦略

などの戦略について目標を考えます。

企業としての戦略については企業全体についての戦略目標です。部門別（事業別）戦略については、部門、事業ごとの戦略目標です。業務別戦略については、組織体制、財務、マーケティング、生産、研究開発など各業務にかかる戦略目標を、関係者が議論・検討して、設定します。

２．7Sの連携による経営活動を進める

経営戦略を進めるときに、重要なのは経営資源の７つの要素です。

7Sは、マッキンゼーの7Sとも言われ、経営を進めるうえで重要な７つの要素（経営資源）です。各要素がお互いを補い、強め合いながら戦略の実行に向かっていくものです。

7Sは、ハードのＳとソフトのＳに分類されます。（図表１−２−２）

ハードのＳは、経営者が比較的短期間に変更可能でコントロールしやすいもので、

・組織構造（Structure）

・仕組み（System）

・戦略（Strategy）

です。変えようとする意思やプランがあれば、変更することが可能です。

ソフトのＳは、

・ノウハウ・能力(Skill)

・人材（Staff）

・経営スタイル（Style）

・共有の価値観（Shared value）

です。価値観が絡む要素ということで慣性が働き短時間に変更することは難しいとされる部分です。

これら７つの要素は互いに影響しあうものであり、どれか１つを強力に推し進めるこ

図表１－２－２　企業経営の重要な要素（経営資源）７S

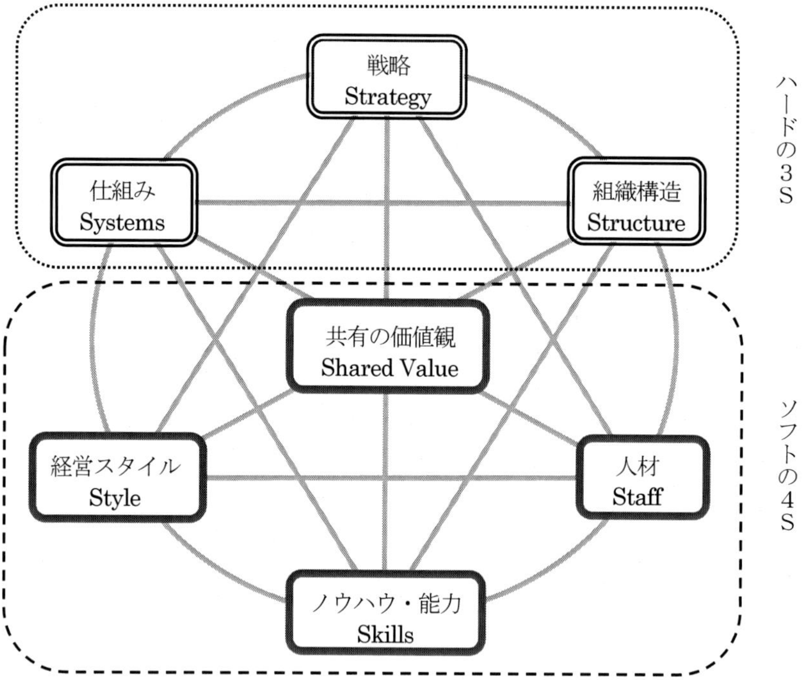

とによって成功するというものではなく、これらの重要な要素が適切な関係性、連関性を保ってすすめられることが重要です。

ソフトの4S は、企業の中に生まれ醸成されてきた人的なネットワークであり組織風土であり暗黙知も含めた知の要素（ノウハウ）です。これらをいかに活性化し、いかにこのソフト部分を発展させて、機能させていくかです。これらの総合力がコア・コンピタンスを形成していきます。これらソフトの4S を活気ある前向きのムーブメントにもっていくことが企業成長の成否を握っています。このソフトの4S を効果的に機能させていくため、ハードの3S によって、組織の目的や意志、仕組みを示して、ソフトの4S に作用させていくことが重要です。

ともかく７つの重要な要素についてしっかりと取り組んでいくことが、企業として発展していくことに繋がっていきます。

基盤的な活動として、この7Sの連携による経営の推進に当たっては、まず、7Sの現状について把握します（図表1−2−3）。強みがあるものについて把握し、弱みについては改善に取り組みます。経営資源の要素それぞれの課題とそれに対応した改善アクションに取り組むことです。これによって、経営の力の強化を図ります。

経営戦略を進めるときに、重要なのは経営資源の重要な要素において、十分な強みがあるとともに、大事なのは、重要な要素間で連携、連関が取れているかです。例えば、スキルが高くても、課題解決に積極的に取り組むという共有の価値観が乏しければ問題ですし、システムとしてそのスキルが活かされるようになっていなければ、意味がありません。

図表１−２−３　組織における経営資源7Sのフレームワーク・シート

区　分		内容・要素	現状と課題	指標（活動指標、成果指標）	改善・向上策	改善の具体的アクション
ハードの3S	戦略 Strategy	戦略の策定と共有 戦略のインパクト、具体性、実現性 戦略の優先順位、事業の方向性 戦略の推進体制、進行管理体制　など	*（戦略は外部環境、経営資源からみて適切か）* *（戦略は着実に実施されているか、成果はどうか）* *など*	*（戦略にかかる指標を書く。以下同じ。）*	*（課題の解決に向けた基本的考え方、改善等を書く。以下同じ。）*	*（左の事項を実行するための具体的な内容を書く。以下同じ。）*
	仕組み System	経営意思決定のプロセス 生産システム バリューチェーンシステム 組織における知的資産を育成･向上させる取組み バランス・スコアカードの実施 など	*（企業を発展させるための仕組み・取組みは何か）* *（組織におけるノウハウ･対応力･開発力などの知的資産の育成・向上のための仕組みは何か）* *など*			

区　分		内容・要素	現状と課題	指標(活動指標、成果指標)	改善・向上策	改善の具体的アクション
ハードの3S	組織構造 Structure	体制・組織の構成と細部組織別の機能 組織の変遷 事業部制、カンパニー制の状況 従業員・ステークホルダーの声、不満 など	*(組織は発展段階に応じて有効に機能しているか)* *(組織について、不断に見直す仕組みはあるか)* *など*			
ソフトの4S	共有の価値観・理念 Shared Value	経営理念、経営方針 従業員への浸透度合い 創業精神 など	*(経営理念・方針は何か)* *(経営理念・経営方針を従業員に浸透させる仕組みは?)* *(現場段階における共通の価値観は何か)* *など*			
	人材 Staff	資格別人材 人材育成プログラム 人材の採用、配置、評価、育成の取組み 多能工割合 など	*(各人材の能力の把握はどうか)* *(能力ある人材が適正配置となっているか)* *(各人材の能力はどのように活かしているか)* *など*			
	ノウハウ・能力 Skill	マニュアル 組織全体としての改善力 組織としての課題・クレーム等への対応力 ノウハウなど知的資産の内容 など	*(組織としてのマーケティング力、技術力、改善力等はどうか)* *など*			

区　分		内容・要素	現状と課題	指標（活動指標、成果指標）	改善・向上策	改善の具体的アクション
ソフトの４S	経営スタイル・社風 Style	組織の文化、社風 暗黙の行動規範 部門別職種別の組織文化 トップダウン、ボトムアップなどの経営方式 など	*（経営理念やマニュアルなどから窺える組織文化はどのようなものか）* *（経営トップ、顧客・ステークホルダー、従業員、それぞれが認識している組織文化はどのようなものか）* *など*			
7S の関係性、連関性		7S のバランスと 7S 間の相互作用、関係性 7S における強弱（十分機能している S と機能が弱い S） など	*（7Sの現状・連携はどうか）* *（7S 間の相互作用は上手く機能しているか）* *（強い S を伸ばし、弱い S を育成・発展させるようにしているか）* *など*			

※7S そのものの強み・特色と、7S の関係性・連関性がどうか、がポイントです。

このように整理して、7S の連携・連関[1]を図りながら経営目標の実現を目指します。（図表１－２－４）

そのため、自社における具体的な取り組みの主なものを書き込んで、経営会議等において共通認識を持って進めるという方法も推進します。（図表１－２－５）

図表１－２－４　　経営資源７Ｓの効果的な連携により発展を目指す

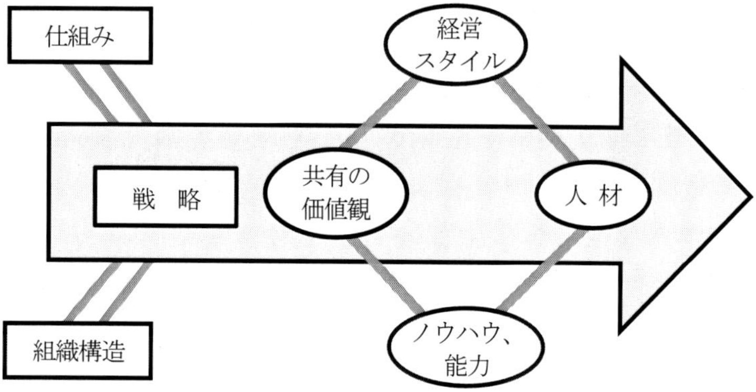

筆者作成

図表１－２－５　　自社の経営資源７Ｓの効果的な連携による取り組み

具体的に　　　欄に記入してください

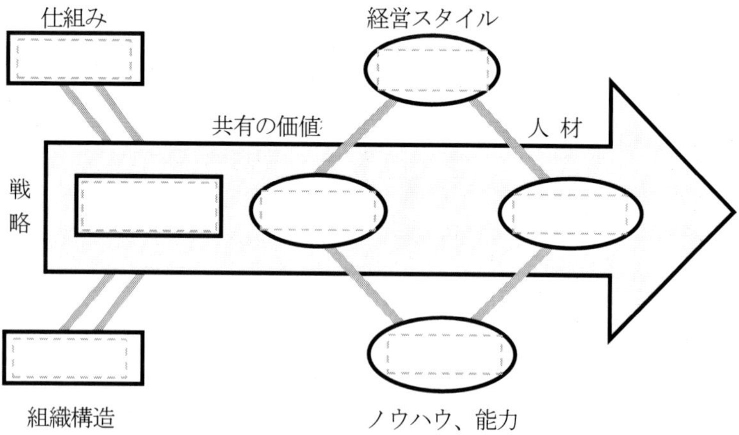

筆者作成

３．バランス・スコアカードに取り組む

企業経営においては、戦略的な経営を行う効果的な手法としてバランス・スコアカードがあります。[2)]

これは、財務の視点、顧客の視点、内部ビジネス・プロセスの視点、学習と成長の視点という４つの視点にたって行われます（図表１−２−６）。財務の視点は、財務からみた成長性、収益性、リスクのための戦略目標です。顧客の視点は、顧客からみる価値創造と差別化のための戦略です。内部ビジネス・プロセスの視点は、顧客と財務に関しての、満足を生み出すためのビジネス・プロセスの改善です。学習と成長の視点は、人材を活かす、組織の変革・成長を支援する活動です。

ビジョン、戦略の明確化と、これら４つの視点からの、戦略の実現に向けた手順・体系を創り実行するための、戦略的な経営システムです。

なお、バランス・スコアカードと７Sの関係については、「学習と成長の視点」の活動は、「人材」への働きかけ・改善や「ノウハウ、能力」の向上につながります。「内部ビジネス・プロセスの視点」での活動は、「仕組み」の改善につながり、「経営スタイル」「共有の価値観」に影響を与えます。これらの活動の成果、結果として、「顧客の視点」の結果、「財務の視点」の結果があります。このように、経営資源に基づく経営活動（７S活動）とバランス・スコアカードは相互に作用しながら発展を目指していくものです。

バランス・スコアカードを導入することとした場合は、まず、戦略マップの作成です。

戦略マップの作成に当たっては、

財務の視点

↓

顧客の視点

↓

内部ビジネス・プロセスの視点

↓

学習と成長の視点

という順に、考えていきます。

図表1－2－6　バランス・スコアカードにおける4つの視点

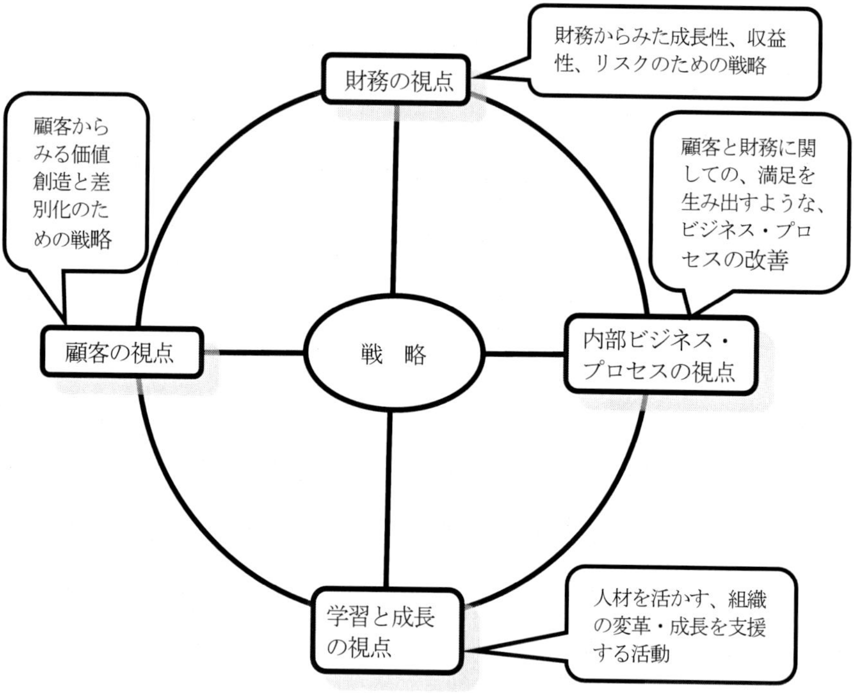

筆者作成

最終の目標である財務の視点で実現したい目標を設定します。最終の財務目標を実現するのに必要な財務目標も検討してみます。（例、「財務体質の改善」という最終目標のために「利益率の向上」「売上高の拡大」を設定する）

そして財務の視点の戦略目標を実現するためには、顧客の視点で何をすれば一番効果的かを考えます。それを戦略目標とします。これらの戦略目標は複数検討してみます。

顧客の視点での戦略目標を実現するためには、内部ビジネス・プロセスの視点でどのようなことをすればいいかを考えます。それを戦略目標とします。

内部ビジネス・プロセスの視点での戦略目標を実現するために、学習と成長の視点での取り組み、つまり人材育成に関する取り組みは何が一番効果的かを考えます。その取り組みを戦略目標とします。

このように、上の視点の目標を実現するために下の視点で

何をすれば効果的か

因果関係はどうか

を検討して視点ごとの目標を設定します。上の一つの目標に対して、下の視点の戦略目標は複数あったほうが、最終的な実効性が上がります。

この作業をもとに戦略マップを作成します。（図表１－２－７）

図表１－２－７　バランス・スコアカードの戦略マップ（製造業の例）

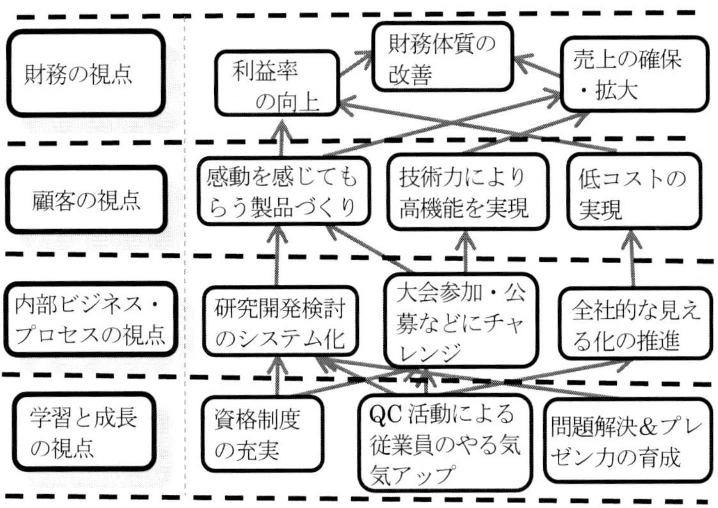

筆者作成

戦略マップは、最終的には、学習と成長の視点、内部ビジネス・プロセスの視点、顧客の視点、財務の視点というふうに下から上へ改善され成果が上がっていくというストーリーとしてまとめます。このストーリー化によって、目標達成、成果、ストーリー

の流れが見える化になるので、企業全体のやる気にもつながります。

戦略マップを策定したうえで、次は、視点ごとに、戦略目標ごとの重要成功要因、業績評価指標、目標、アクション・プランを検討します。

その際は、戦略目標を実現するための重要成功要因を何にするかが大事です。因果関係、効果などを検討します。そして、この重要成功要因が達成できたかどうかを判定する業績評価指標を設定し、その指標の目標数値を決めます。最後に、重要成功要因の達成、目標数値の達成のために、具体的にどのような行動するかのアクション・プランを作成します。

これによって、具体的なバランス・スコアカードを完成させます。(図表1−2−8) バランス・スコアカードに記載したアクション・プランに基づいて、実行です。

このバランス・スコアカードは見やすく、一覧にされており、目標数値も示されていることから、実行するにもやりがいを持って取り組めます。

また、アクション・プラン実行した後に、業績評価指標・目標の達成状況の確認・検討を行います。その結果を受けて、アクション・プランの修正です。そのようなサイクルを回しながら、経営の成果を上げていきます。目標の実現に向けて経営活動を進めます。

図表1−2−8　バランス・スコアカード（例：製造業）

視点	戦略目標	重要成功要因	業績評価指標	目　標	アクション・プラン
財務	利益率の向上	低コストの実現	売上高対製造原価比率	６０％	製造原価管理の徹底とPDCA
	売上高の確保・拡大	高付加価値製品の売上拡大	差別化商品の売上割合	４０％	マーケティング・ミックスの展開
		顧客満足度の向上	製品、企業にかかる顧客満足度	70%以上	満足度調査の実施と検討サイクルの実施
	財務体質の改善	フリーキャッシュフローの増加	売上高対フリーキャッシュフロー比率	3.0%	生産性の向上に取り組む
		自己資本比率の向上	自己資本比率	45%	当期利益の内部留保等による借入金の返済

視点	戦略目標	重要成功要因	業績評価指標	目　標	アクション・プラン
顧客	感動を感じてもらう製品づくり	他との差別化を図った製品づくり	新商品開発数	６件	新たな製品にかかるマーケティング調査と生産サイドとのすり合せ
	技術力により高機能を実現	高機能な新商品開発	現場における改善数 特許件数	50件 ５件	研究開発部の拡充
	低コストの実現	小集団活動の実施	製品不良率の減少	0.1%	小集団活動の活発化と表彰制度
内部ビジネス・プロセス	研究開発検討のシステム化	研究開発チームによる新商品づくり	チームによる新製品アイデア数	月２以上	製品アイデアの役員会等全社的な検討会の定期的な実施
	ＱＣ大会参加・公募などにチャレンジ	大会発表、公募チャレンジ体制の確立と実践活動	大会発表や公募等チャレンジ数 採択数	年５件 年２件	ＱＣ大会発表、公募事業への応募のための体制、チーム設置役員会での定期的な報告
	全社的な見える化の推進	現場におけるPDCAの見える化 従業員の能力の見える化	PDCA 見える化実施個所数割合 個人別必要能力充足者数割合	90%以上 80%以上	見える化のためのホワイトボードの設置とリーダー選任と定期報告 能力表示要領の制定と実行
学習と成長	資格制度の充実	資格制度（社内資格、公的資格） 教育訓練プログラムの実施	多能工の割合	60%以上	多能工を含めた社内資格制度の確立と待遇制度
	QC 活動による従業員のやる気アップ	社内提案制度	提案件数	一人４件以上	社内提案表彰制度と提案案件についての役員会での検討
	問題解決＆プレゼン力の育成	組織別など全員参加によるSWOT 分析の実施	職場改善件数の増加	20個以上	SWOT 分析の研修及びプレゼンにかかる講習の実施

4．目標の実現

このような戦略を実現するためのバランス・スコアカードによる経営活動をすることによって目標の実現を目指します。

当初予定していた期間で目標が実現されなかったときは、実績の検討を踏まえて、再度、戦略マップおよびバランス・スコアカードを作成して戦略的な経営を目指します。

【各経営主体のためのヒント】

＜地域中小企業＞

売上の低迷、利益率の低下に悩む中小企業、小規模事業者にとっては、7S で経営活動を見直していくことは大事です。

また、バランス・スコアカードは、戦略を実行して、成果が上がる手法です。戦略マップは、4 つの視点での取り組みを示します。全体が見えて戦略が見えて、バランス・スコアカードは推進状況や結果の見える化も図っています。やる気が向上する取り組みです。

地域中小企業においては、現状に満足することなく、戦略的な取り組みを進めていくことが、是非とも必要です。

＜NPO などの非営利的組織＞

7S による取り組みも、非営利的組織の経営の成果を上げるために取り組むことが重要です。例えば、道の駅においても 7S の視点で活性化に取り組むことが有効です。(図表 1−2−9)

効果的な、優れた成果に結びつくこととなると考えられます。

また、NPO など**非営利的組織においてバランス・スコアカードに取り組む場合**は、財務の視点を一番上の最終目標とするのではなく、**顧客の視点を最終目標とします**。利用者等の満足、価値の向上を最終目標として、戦略マップやバランス・スコアカードを作成して取り組んでいきます。

利用者に満足・価値を認めてもらう、真の顧客である住民、行政などに満足・価値を認めてもらうことを目標にしていくという視点で、バランス・スコアカードに取り組みましょう。

図表１－２－９　７Ｓの視点からの「道の駅」の活性化策（例）

区分		内容・要素	現状と課題	指標（活動指標、成果指標）	改善・向上策	具体的アクション
ハードの３Ｓ	戦略 Strategy	戦略の策定と共有 など	現状の延長のような計画	経営戦略の策定と共有（従業員の経営戦略理解度）	魅力的かつ特色ある商品がある道の駅の実現	地元の魅力的な商品確保のため組織を挙げて取り組みを進める
	仕組み System	マネジメントシステム、人材育成システム、生産システム など	ありきたりの商品が多い 小集団による改善活動が行われていない	組織図と組織別人員 顧客からの商品に関する苦情件数	マネジメント体制・システムの見直し 魅力的な商品の品揃え	強力な経営活動推進のための組織体制づくりと適材の配置
	組織構造 Structure	体制、組織の構成と細部 組織別の機能 ライン、スタッフ関係	常駐していない駅長等 担当者が休むとパンの製造が中止となる	経営階層別人員（割合） ライン、スタッフ別人員	組織、体制の見直し	経営会議等とマネジメント層の体制・役割の再構築に向けた活動の実施
ソフトの４Ｓ	共有の価値観・理念 Shared Value	従業員が共通認識している価値観、長期に渡る組織目標 など	現状の延長でいい（ありきたりのお土産が多い）	経営理念等の従業員への浸透度	地域産品を中心として売上実績を向上させる	魅力的な地元産品の発見、開発を行う

区　分		内容・要素	現状と課題	指標（活動指標、成果指標）	改善・向上策	具体的アクション
ソフトの4S	人材 Staff	個々の人材の能力 資格別人材	店員が高齢化している 各部門別の人員体制及び能力別人員数が十分でない	各部門別の人員体制及び一人当たり売上高	各部門別の人員体制・能力別人員体制を踏まえた組織全体の業務体制の見直し	人員体制の見直しと職長・班長等の設置・職務権限の明確化 人材育成プログラムの実施
	ノウハウ・能力 Skill	組織全体としての能力、スキル	販売員の来客対応に問題がある	顧客満足度、顧客からの不満・意見の件数・内容	マネジメント機能の強化による各部門の対応力向上	経営幹部などによる組織毎の活動の再確認及び PDCA の実施
	経営スタイル・社風 Style	組織の組織文化、社風 暗黙の行動規範	ありきたりのお土産が多くても、気にしていない	魅力的な地元産品の割合 顧客満足度	地域の優れた農産物・商品等を販売する	地域の道の駅としての品揃え 他店との差別化も考えた品揃え
7Sの関係性、連関性		7S の内容と 7S 間の相互作用、関係性	全体として魅力がなく、従業員一人当たり売上高が平均を下回っている	売上実績、生産性等の現状と推移 顧客満足度等の現状と推移	組織全体として、戦略的な発展を目指す	7S 毎の状況を把握し連携不足がないかを確認し、改善計画を実施

※あるレポートによると道の駅について様々な課題が指摘されており、それについて7S のフレームワークを活用して検討し、改善・向上策、具体的なアクションを導き出し整理してみた表です。ともかく具体的なアクションに取り組んで成果を出していくことが重要です。

1) 連関は、「互いに切り放すことの出来ない密接な関係があること」（新明解国語辞典第７版（三省堂））です。連携は、「目的を同じくするもの同士が、連絡し協力しあって何かをすること」（新明解国語辞典第７版（三省堂））です。
2) バランス・スコアカードについては、次の文献を参考にしました。キャプラン・ノートン（2001）『キャプランとノートンの戦略バランスト・スコアカード』東洋経済新報社、高橋義郎（2007）『使える！バランス・スコアカード』PHP 研究所、伊藤和彦・上宮克己（2007）『［新版］小さな会社にも活用できる！バランス・スコアカードの創り方』同友館、藤井智比佐（2004）『図解入門　最新　バランス・スコアカードがよ～くわかる本』秀和システム。

第３節　コア・コンピタンスによる経営

【課題】

中小企業、小規模事業者において、「売上高が低迷していている」「経営の改善に取り組んでも効果が十分に上がらない」という場合、考えられる可能性としては対症療法的な対応による限界が考えられます。

抜本的な対策の一つとしては、核となる強みが必要です。企業に充分なコア・コンピタンスがない場合、コア・コンピタンスの可能性がある技術・ノウハウの確認ができておらず十分に育っていない場合などが考えられます。

コア・コンピタンスを育成・強化し、これを前面に打ち出した経営を進めることによって、経営の改善が図られる可能性が大変高くなります。

コア・コンピタンスをどのように確認して、企業経営に活かしていくかです。

【課題解決フローチャート】

１．コア・コンピタンス

企業が厳しい競争環境の中で存続発展していくためには、コア・コンピタンスが求められます。コア・コンピタンスとは、「顧客に対して、他社には真似のできない自社ならではの価値を提供する、企業の中核的な力」[1]です。コア・コンピタンスは企業力です。（図表１－３－１）

このコア・コンピタンスであるための３つの条件としては、

・顧客価値

・競合他社との違いを出す

・企業力を広げる

が挙げられています。[2]

「顧客価値」はつまり顧客が認める価値を創出できるということです。コア・コンピタンスは、顧客に認知される価値を他の何よりも高めなければならないものであり、企業力がコアであるかどうかの一つの特質は、顧客の利益が中心にあるかどうかとされています。顧客に利益をもたらすコストを圧倒的に低くするスキル群も、コア・コンピ

図表１－３－１　コア・コンピタンスによる経営

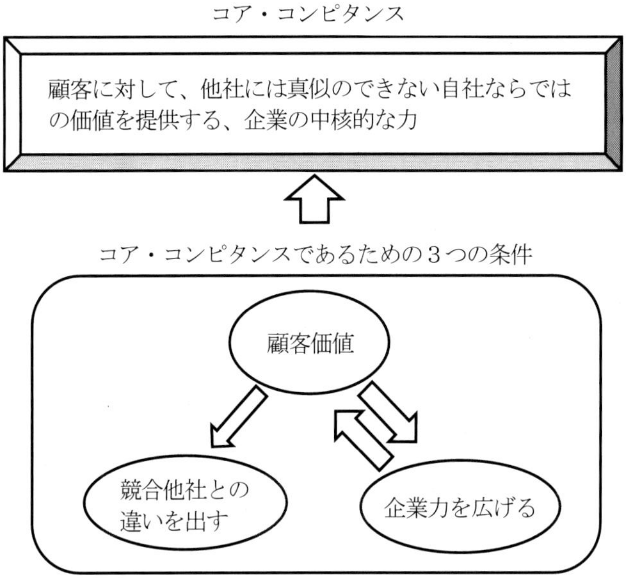

ハメル・プラハラード『コア・コンピタンス経営』2001年（1995年）
日本経済新聞社　をもとに筆者作成

タンスとされています。

「競合他社との違いを出す」については、コアの企業力として認められるためには、ユニークな競争能力でなければならないとされています。つまり競争相手に真似されにくいものであることです。

「企業力を広げる」については、コンピタンスが真にコアとなるのは、新製品市場への参入の基礎を形成するときであるとされています。つまり、コア・コンピタンスの技術、ノウハウが他事業への展開力があることです。

コア・コンピタンスの例としては、ホンダのエンジン技術、ソニーの小型化技術、シャープの液晶技術が挙げられています。

このコア・コンピタンスを維持・発展させていくためにマネジメント、マーケティング等が行われます。育成、発展のマネジメントをする、コア技術のブランディング、ロイヤリティの向上などのマーケティングをするなど、企業経営にかかる諸活動によって、コア・コンピタンスが形成され、発展していくと考えられます。これらの諸活動が十分に行なわれないとコア・コンピタンスが衰退していくことになります。

なお、知的資産とコア・コンピタンスとの違いについては、知的資産は、知恵、工夫、課題対応能力など、財務諸表に現れていない、ソフトな資産を表します。コンピタンスは（専門的な）能力、力です。その意味では、コア・コンピタンスは知的資産と重複する面があります。コア・コンピタンスは、知的資産、コンピタンスのうち、中核的な（コアな）能力であり、構造資産であり、知的財産をも含む概念です。

2．コア・コンピタンス経営の推進

コア・コンピタンス経営の推進に当たっては、まず、**自社の特長（コア・コンピタンス）の把握、確認**です。次に**コア・コンピタンスを活かす戦略・ビジョンを策定**します。そして**コア・コンピタンス発展戦略及び計画の実行**です。それによって、**コア・コンピタンス経営の推進**を図ります。（図表1－3－2）

【対応策フレームワーク】

1．自社の特長（コア・コンピタンス）の把握・確認

コア・コンピタンス経営を進めるにはまず、自社の特長（コンピタンス）を把握し、そのうち特に強いもの、核的なもの、つまりコア・コンピタンスであるかについて確認を行います。

自社のコア・コンピタンスの把握においては、

・現状の強み、特長のなかから把握

・自社の発展過程から把握

・売上実績、利益実績から把握

・バリューチェーン分析から把握

図表１－３－２　コア・コンピタンスにより、現状の打破、発展を図る

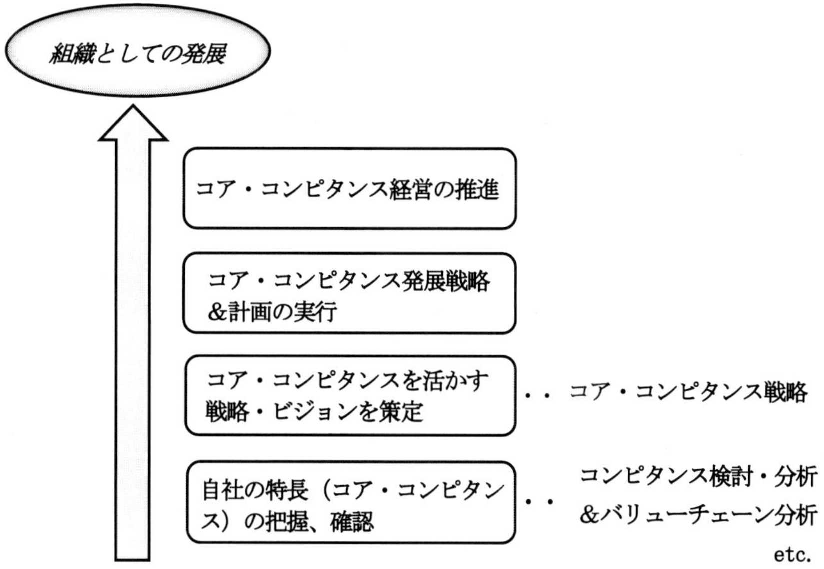

筆者作成

などの方法が考えられます。現状の強み・特長のなかから把握、自社の発展過程から把握、売上実績・利益実績から把握の具体的な方法は、知的資産の抽出のところで説明してありますが(第２章第２節)、それに準じて行います。知的資産のうちの特にコア(核)となりそうなものについて、コア・コンピタンス候補として把握することとなります。

つぎに、**バリューチェーン分析**に取り組んでみましょう。

企業の活動によって価値が創造されており、それが利益となっています。バリューチェーン[3)]は、企業の経営活動の各段階・各業務において価値が創造され、連鎖してトータルの価値になっているととらえます。

企業活動は、５つの主活動と４つの支援活動で構成されています。(図表1−3−3)

５つの主活動は、原材料等を組織内部にもたらす「内向きのロジスティックス」、原材料等を最終製品に転換する「オペレーション」、最終製品を外部に出荷する「外向きのロジスティックス」、需要を生み出す「マーケティングと販売」、そして製品に付与される「サービス」です。

4つの支援活動は、「資材調達」「技術開発」「人的資源の管理」そして財務や法務や企画などの「企業のインフラストラクチャー」です。

この主活動の各段階において価値が創造され、創造された価値が連鎖していくということです。

このバリューチェーンの各活動について、価値の創造と連鎖に関して、自社の活動内

図表1－3－3　企業における、価値を生むための連鎖活動

（価値連鎖の基本形）

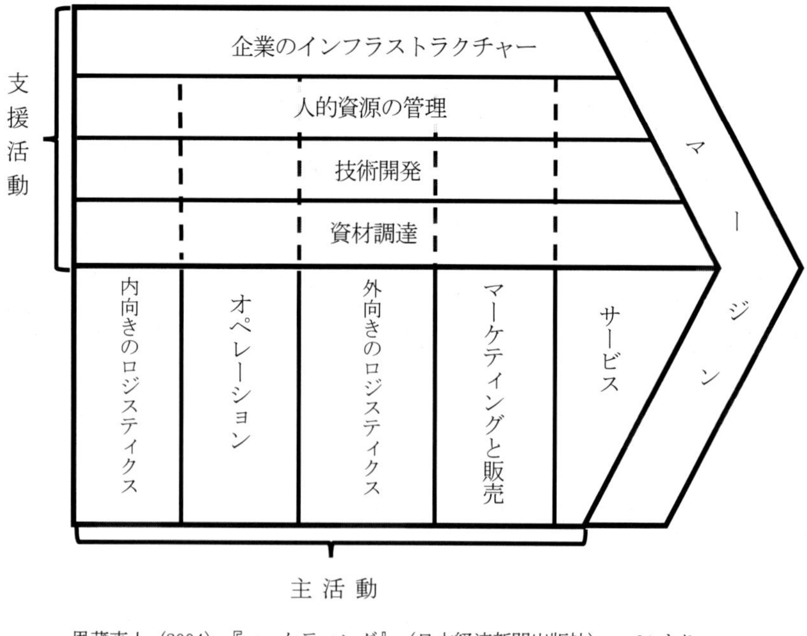

恩蔵直人（2004）『マーケティング』（日本経済新聞出版社）p. 91より

容を書き込んでみて、その活動ごとの強み、弱みを書き出します。その際、今後の改善アクションプランも検討します。(図表１−３−４)

図表１−３−４　バリューチェーン分析検討フレームワーク・シート

活動		自社の内容	強み、弱み	改善アクションプラン
主活動	内向きのロジスティックス（組織内への資材調達、物流、外注、等）		＜強み＞ ＜弱み＞	
	オペレーション（製品・サービスの生産、資材・技術・人材等の統合・調整・計画、顧客価値、等）		＜強み＞ ＜弱み＞	
	外向きのロジスティックス（販売先等への製品サービスの物流・提供、等）		＜強み＞ ＜弱み＞	
	マーケティングと販売（顧客価値、プロモーション、流通チャネル、等）		＜強み＞ ＜弱み＞	
	サービス（サービス内容、提供場所・チャネル、等）		＜強み＞ ＜弱み＞	
支援活動	資材調達（仕入れ先、仕入れ材料、仕入れ単価、品質、外注先、仕入れ管理、在庫管理、等）		＜強み＞ ＜弱み＞	
	技術開発（価値創造に結びつく技術・スキル、従業員の技術・スキル、資格別人員、多能工割合、特許、研究開発体制、等）		＜強み＞ ＜弱み＞	
	人的資源の管理（組織体制、キャリアアッププログラム、人事評価システム、等）		＜強み＞ ＜弱み＞	
	企業のインフラストラクチャー（財務管理、法的管理、企画・調整、等）		＜強み＞ ＜弱み＞	

※支援活動については、企画管理部、営業推進部など各部ごとにも整理してみます。

この過程で抽出された強みについて、コア・コンピタンス候補としてひらい出し、その育成、強化を検討します。

さらにまたこれを、顧客価値を創造し、伝達し、顧客に納得してもらう、という価値連鎖として考える顧客価値バリューチェーンととらえると、顧客価値マーケティング重視のバリューチェーン分析になります。（図表1－3－5）

これをもとに、顧客価値バリューチェーン分析を行い、顧客価値を重視した強み、コア・コンピタンスの抽出に取り組みます。（図表1－3－6）

このような方法によって、コア・コンピタンス候補を洗い出します。

図表1－3－5　顧客価値マーケティングをベースにした価値の連鎖

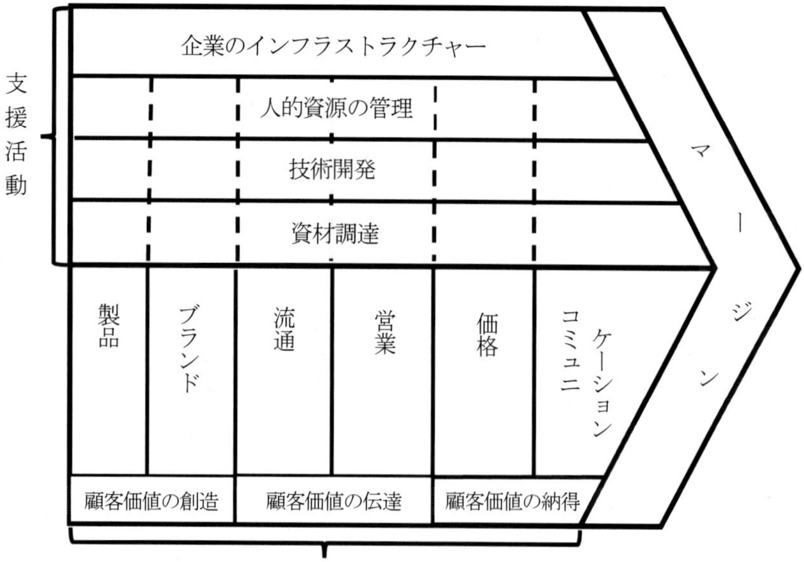

恩蔵直人（2004）『マーケティング』（日本経済新聞出版社）
p. 92を基に筆者一部修正

図表1－3－6　顧客価値マーケティングにかかるバリューチェーン分析検討フレームワーク・シート

活　動		自社の内容	強み、弱み	改善アクションプラン
顧客価値の創造	製品 （顧客価値、顧客満足、顧客の課題解決機能、等） （仕入れ、調達、オペレーション、製作、等）		＜強み＞ ＜弱み＞	
	ブランド （ブランド認知、ロイヤリティ、連想、等）		＜強み＞ ＜弱み＞	
顧客価値の伝達	流通 （チャネル、等）		＜強み＞ ＜弱み＞	
	営業 （企画提案、権限移譲、顧客満足、等）		＜強み＞ ＜弱み＞	
顧客価値の納得	価格 （コスト、等）		＜強み＞ ＜弱み＞	
	コミュニケーション （手段・媒体（広告、パッケージ、セールスプロモーション、等）、プッシュ戦略、プル戦略、等）		＜強み＞ ＜弱み＞	

※恩蔵直人（2004）『マーケティング』（日本経済新聞出版社）を基に一部修正のうえ筆者作成

2．コア・コンピタンスを活かす戦略・ビジョンの策定

先述した分析によって、把握したコア・コンピタンス（候補）について、その内容を確認、検討して、コアとなるものをコア・コンピタンスとして把握、確認する作業を進めます。

強みと考えられることを列挙します。列挙したコンピタンスの特長、課題を洗い出します。その際、コンピタンスのレベルについて評定（点数化）してみます。（図表1－3－7）

競合のコア・コンピタンスについても、特長・課題、点数などについ検討してみます。ファイブフォースの視点から、直接の競合だけでなく、新規参入の可能性のある企業などについても検討するとなおよいでしょう。

まず自社のコア・コンピタンスを確認し、顧客＆市場が何を求めておりどのように変化していく可能性があるかを考えます。また、競合や潜在的な競合（新規参入の可能性）のコア・コンピタンスの動向も検討します。顧客・市場の動向がどうなるか、競合のコア・コンピタンスの状況と動向も考慮して、コア・コンピタンスの強化戦略を考えます。

このような検討は、社内の関係者で検討することになりますが、必要に応じて取引先などの意見も参考にします。

このように、コア・コンピタンス候補について内部環境、外部環境の状況を検討します。そして、このような検討過程を経て、中期的な視点で、自社のコア・コンピタンスを活かす戦略・ビジョンを策定します。内容としては、「自社のコア・コンピタンス」「コア・コンピタンスの育成・強化策」、そのための「各部の取り組み」「特許等秘密保持策」などが考えられます。

3．コア・コンピタンスの強化戦略の実行

自社のコア・コンピタンスが決まれば、コア・コンピタンスの対外的アッピール、コア・コンピタンスのより以上の育成・強化に取り組みます。今後の企業の発展につなげていきます。

図表１−３−７　自社のコア・コンピタンスを見出し、今後の方向性を検討する

コア・コンピタンス検討表

コア・コンピタンス、強み	自社		競合			
			A社		B社	
	長所、短所	レベル	長所、短所	レベル	長所、短所	レベル

※「コア・コンピタンス、強み」欄には、強みと考えられることを列挙する。
「長所、短所」欄には、特長、課題等を洗い出して記入する。
「レベル」欄には、コア・コンピタンスがどの程度のレベルかを評定(点数化など)してみる。
「競合」には、競合のコア・コンピタンスについて分かる範囲で挙げてみる。また、従業員や経営コンサルタントなど関係者が集まって、話し合って洗い出すとよい。

顧客に価値を与えるという点、競合他社が真似できないという点、企業力を広げる力という点、これらの点について、

育成していく

維持していく

発展させていく

という戦略に取り組むことです。

自社のコア・コンピタンスを育成していく取り組み、コアン・コンピタンスを顧客への価値提供に効果的に結びつけていく方法・手法、強みを活かして競合との差別化をはかる方法・手法、これらについての基本設計図、シナリオを策定して、実行していきます。(図表1−3−8)

図表１－３－８　コア・コンピタンスの強化戦略

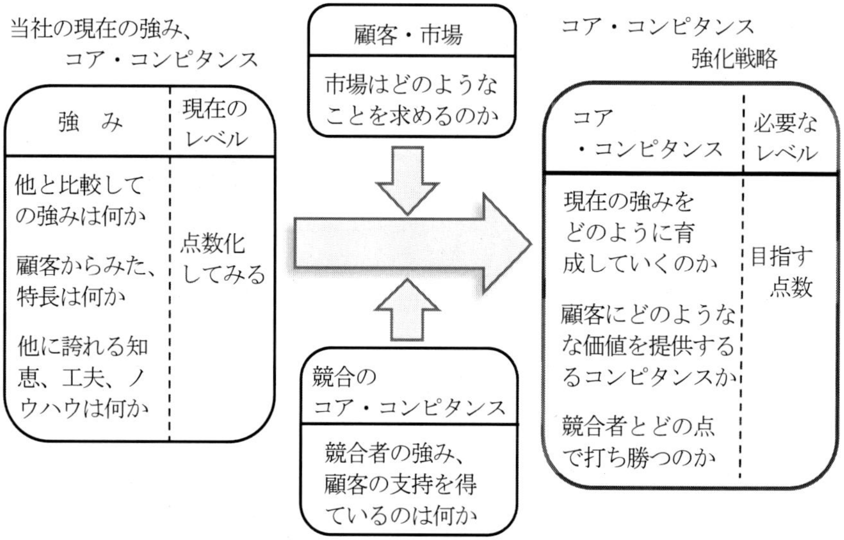

筆者作成

【各経営主体のためのヒント】

＜地域中小企業＞

大企業、中堅企業の役員の方が、地域中小企業においては、私どもの会社に、中小企業のその独自の技術による新たな提案をしてほしいと言っておられました。

地域中小企業においては、他の会社でもできるような技術ではなく、○○の加工であれば○○社、○○ができる○○社といわれるような特長ある技術を持たないと生き残っていけません。

そのため**コア・コンピタンスを伸ばす**、または、コア・コンピタンスを育成し強化していくということ、**これをアッピールしていくこと**に積極的に取り組みましょう。

＜NPO などの非営利的組織＞

NPO 等の経営においては、同業者と比較して、特長的な優れた点を見出し、発展させることに取り組むことが必要です。当該 NPO 等における知恵、工夫として継続的に実施され、仕組みとして根付いているもののうち、顧客にとって価値あるもの、評価されているものを考えます。

例えば、

- 高齢者も障がい者も子供も一緒に過ごす富山型デイサービス施設
- リハビリに特化した理学療法士が施術も行うデイサービス施設
- 高い介護技術を維持向上させるために定期的に研究発表会、介護技術向上検討研修会を実施している福祉施設
- リーズナブルな価格で美味しい地域農産物加工品を提供している農村カフェ

など、特色ある経営をしているＮＰＯなど非営利的組織があります。

これらのコア・コンピタンスによって、「利用者に満足、価値を与える」「真の顧客である住民や地域社会への貢献」という点において、地域へ満足、価値を与えるとともに、ゴーイングンコンサーン（継続的存続組織）として持続的発展をしていくことが求められています。

---

1) ハメル・プラハラード (2001 (1995))『コア・コンピタンス経営』日本経済新聞社文庫版、p.12。
2) ハメル・プラハラード (2001 (1995))『コア・コンピタンス経営、日本経済新聞社文庫版、pp.323-329。
3) バリューチェーンや顧客価値の創造・伝達・納得については、恩蔵直人（2004）『マーケティング』（日本経済新聞出版社）を基に一部筆者が修正しました。

第4節　創業ベンチャーへの挑戦

【課題】

創業・起業し、ベンチャーとして継続的に経営をしていくということは大変です。開業した企業等の生存率は、全事業所ベースでみると５年後は４２％、１０年後は２６％となっており、個人事業所ベースでは、５年後　２６％、１０年後　１２％しか残っていないということです。（図表1−4−1）

図表１－４－１　創業10年後は12%しか生き残っていない（個人事業所）

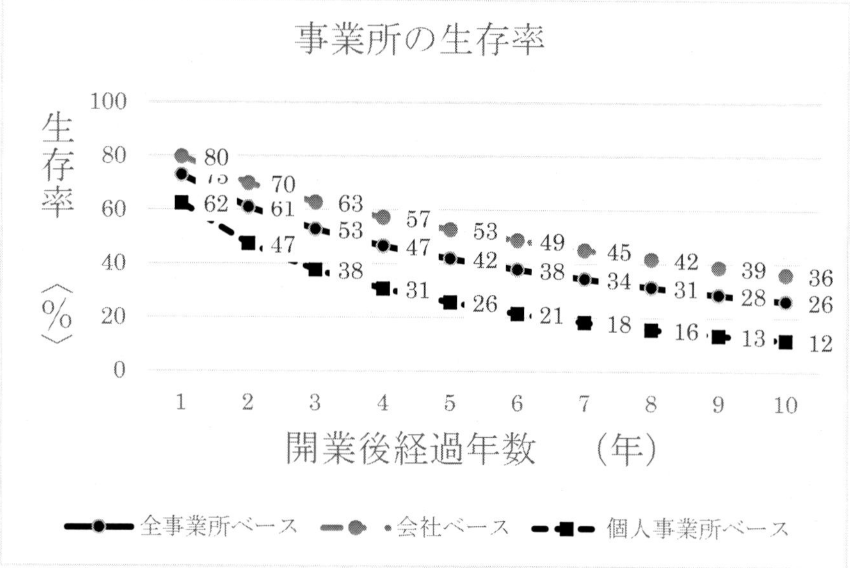

※中小企業白書2006年版をもとに筆者が推計し作成

これは、開業後間もない企業等は、企業経営を行う上で必要な、資金管理、人材・労務管理、技術・製品、市場へのアプローチ等種々の知識やノウハウが乏しいため、生存率が低くなると考えられます[1)]。つまり、開業しても、十分なノウハウや知識が十分蓄積されておらず、また経営者のマネジメント力が十分に機能していないことが、このような厳しい結果となって表れているのではないでしょうか。

また、個人事業所ベースの生存率が低いのは、組織体としてマネジメント体制が不十分となりやすいことが原因の一つと考えられます。

創業ベンチャーは、しっかりと生き残っていく経営をしていくことが求められています。

【課題解決フローチャート】

創業・起業によって、企業・事業所として発展をスタートするわけですが、発展段階ごとに、戦略的な取り組みが必要となってきます。(図表 1−4−2)

創業・起業は、まず、強み・特長を確認しビジネスプランを作成する創業準備期から始まります。そして、会社設立・事業開始手続きにより具体的な創業を行い、事業展開が始まります。創業期です。強み・特長による事業実施によって、売り上げの拡大や人員の増加が図られれば、組織運営体制づくりを進めていきます。成長期においては、組織発展のための仕組みづくりが大事です。そして組織運営の仕組みをベースにトップのマネジメントにより発展期を迎え、そののち成熟期に入っていきます。

これらの段階ごとに経営環境や組織内部の状況が異なるため、段階ごとに必要な戦略をたてます。

事業推進に当たっては、当然にマネジメントが大事であり、そのためリーダーシップが求められます。強みが素晴らしく、ビジネスプランがどんなに良くても、事業実施が上手くいくためには、マネジメントを着実に行うことが基本です。そしてそのうえで事業を効果的に進める力が、リーダーシップです。そのリーダーシップの裏付けとしては、人間力が基本です。それに加えて実行力、先見力、戦略実行力などが重要です。

どんなに素晴らしい強みに基づくプランでも、発展段階に応じた戦略が必要になります。その戦略に基づいて、マネジメントが適切になされないとうまくいきません。

強みに基づくプラン

戦略

マネジメント

この３つのいずれかが不十分だと、企業としての発展はままなりません。

図表1－4－2　創業・起業者は、発展段階に応じた戦略に取り組む

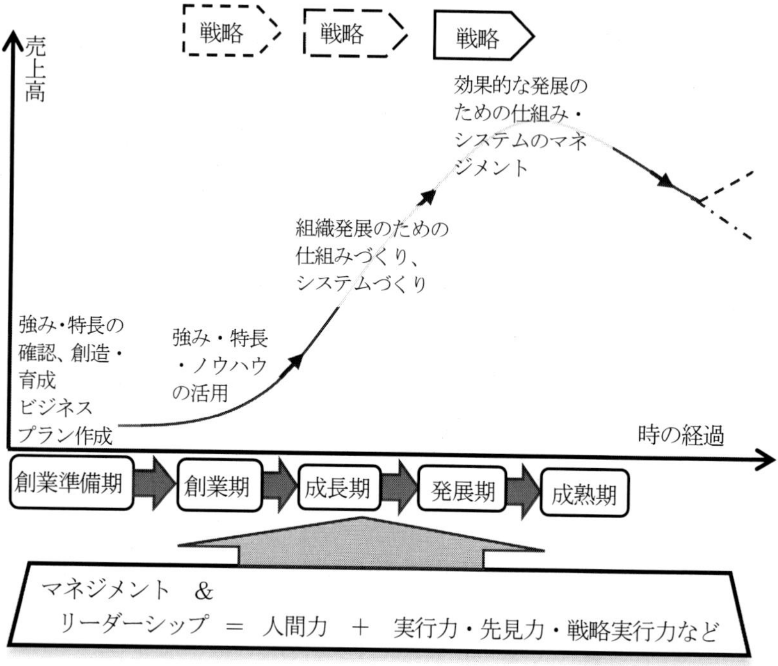

筆者作成

【対応策フレームワーク】

（1）創業全体ビジョン

創業、起業に当たっては、まず、創業全体についてビジョンを作ります。全体のイメージを持って、各段階における経営活動に専念します。

創業全体ビジョンにおいては、創業の発展段階に応じて、戦略、強み・特長・ノウハウ、マネジメントの３つについて、全体の考え方、構想をまとめます。〈図表1－4－3〉

図表１－４－３　創業全体ビジョン　フレームワーク・シート

時　期	戦　略	強み・特長・ノウハウ	マネジメント
創業準備期	＜強み・特長等の洗い出し・確認や強み等の育成・発展計画＞	＜事業実施上の強み、特長の内容と活用構想＞	＜事業開始手続き準備、経営活動の具体的な事業実施計画（人、モノ、カネ、情報の活用)、資金手当て計画、人員計画、などのプラン作成＞
創業期	＜強みの具体化、ターゲット・マーケティングの明確化とアプローチなど＞	＜事業実施上の強み等の活用とさらなる育成・発展＞	＜ステークホルダーとのネットワーク活用、PDCA サイクルの実施など＞
成長期	＜マーケティング、マネジメントの推進戦略など＞	＜事業実施上の強み等の活用とさらなる育成・発展＞ ＜強みの発展・活用の仕組みづくり＞	＜PDCA サイクルの推進、目標数値指標による経営計画の実行、小集団活動による改革、見える化など＞
発展期	＜マーケティング戦略、マネジメント戦略など＞	＜事業実施上の強み等の発展・活用＞ ＜強みの発展・活用の仕組みのシステム化（仕組み化）＞	＜マネジメント体制・研究開発部門・マーケティング部門等の組織体制の充実強化、見える化など＞

（２）発展段階ごとの経営

次に、発展段階ごとに、具体的な計画づくり、それに基づく経営の実践を進めます。

①　創業準備期

まず、創業準備期においては、まず自己の強み・特長・ノウハウは何か、企業として競争に打ち勝っていく源泉を確認することが先決です（図表1－4－4)。

自社の強みの内容は、競合の持っている強みや顧客動向（市場動向・顧客ニーズ）からみて、十分か、どうかをみてみます。この強みが十分でなければいけません。また、人的資産、顧客資産、構造（組織）資産の視点で整理してみましょう[2)]。

図表１－４－４　強み・特長・ノウハウ確認フレームワーク・シート

区　分	自　社	競　合	顧客動向	強み・特長・ノウハウの強化・育成プラン
人的資産	*＜自分の強みと弱み＞*	*＜競合がどのような強みを持っているかを客観的に分析＞*	*＜顧客が求めているものは何か。＞*	*＜左の３点の比較検討の中で現れた課題で、自社が今後強化していくべきものは何か。そのための強化プランは？＞*
顧客資産	*＜〃＞*	*＜〃＞*	*＜〃＞*	*＜〃＞*
構造（組織）資産	*＜〃＞*	*＜〃＞*	*＜〃＞*	*＜〃＞*

※強み・特長・ノウハウの強化・育成プランは、自社、競合店、顧客動向からみて不足する強み等を、創業期に向けて育成する計画を記載する。

この強みについては、先輩起業者、金融機関等に説明して、十分に賛同が得られるかを確認したいものです。私の経験から言えば、客観的にみれば、その人の得意ではあるがビジネス上の強みとまでは言えない場合に、強みと誤解して創業した場合、撤退するということになります。

もし不足する部分があれば、創業期に向けて強みの強化を計画する、またはビジネスプランの練り直しをする必要があります。

次にビジネスプランの作成です[3)]。

経営においては、

・経営理念・経営戦略

・製造・サービスの提供

・マーケティング

・人員・組織

・財務

この５つが基本です。これらを有効に機能するように取り組むことです。

そのためにはこの５つの経営機能ごとに計画を立てていくことです。ビジネスプランの作成です。（図表１−４−５）

経営理念・経営戦略計画は、どういう経営理念で、どういう戦略に基づいて、経営していくかです。

製造・サービス提供計画（仕入れ・調達計画を含む）は、どのような製品やサービスを提供するのか、どのように作っていくのか、原材料等の調達はどうするのかです。

マーケティング計画は、どのような顧客ニーズに対応していくのか、どのような価値を与えるのか、どのようにアッピールするのか、を検討して具体的なプランを決めます。

人員・組織計画は、人員組織体制はどうするのか、です。

財務計画は、売上計画、損益計画、資金計画です。

これらについて、創業準備期の段階での具体的内容を記入します。計画内容をできるだけ詳しく書いてみます。その計画内容について、

・重要な経営資源、経営要素について抜け落ち、モレはないか

・市場分析、売上計画、損益計画などはデータに基づいているか

・ビジネスプランは、説得性、納得性があり、出資応募者、金融機関などの多角的な批判、指摘に充分応えられる内容、精度か

などについてチェックします。

そのうえで、それぞれについて、考えられる課題は何かを検討します。そしてその課題への対応を考え、創業に向けて活動しましょう。

図表１－４－５　ビジネスプラン作成フレームワーク・シート

区　分	計画の具体的な内容	考えられる課題と対応案
経営理念・経営戦略計画		
製造・サービス提供計画（仕入れ・調達計画を含む）		
マーケティング計画		
人員・組織計画		
財務計画		

※計画内容は、必要に応じて、それぞれ別紙に様式を起こして詳細に記入しましょう。

②　創業期

具体的に創業がスタートした創業期においては、

具体的なマネジメントの実施　→　結果に基づく修正アクション・マネジメント　→　強み等の育成・強化　→　仕組み化・構造（組織）資産化へ

というサイクルへ持っていきたいものです。

具体的には、まず、事業の実施をマネジメントすることになります。

人、カネ、モノ、情報などの経営資源を活用して、製品・サービスを提供して、仕入れ費用や運営費等を支払って、成果が上がるよう従業員や関係ステークホルダーに支持、協力依頼、要請等を行うなど、目標実現に向けて経営資源の統合・調整という経営活動を行います。

１か月、２か月、３か月経過して、毎月の経営会議において、計画、実績を検討し、計画と実績の差異の分析と差異の原因を把握します。結果の検討により修正計画を立て、効果的なやり方を考え、従業員や関係ステークホルダーをコーディネートして実行です。

この場合のポイントは、仮説検証と戦略・計画練り直しです。セブンイレブンの発展の基礎は、仮説検証とそれにもとづく戦略・計画の練り直しの徹底によるものと言われています。[4)]

また、企業経営においては、

・売上は顧客の支持の結果

・利益は経営活動の仕組み・工夫の成果

といわれます。創業期においては、「顧客から支持を得るための工夫・ノウハウ」「経営活動によって利益を生み出す工夫・ノウハウ」「これらの工夫・ノウハウの育成・強化」が今後の発展に大変重要となります。創業・開業の基盤であった強みに加え、創業期において蓄積された工夫・ノウハウの育成・強化を図りたい。

そのうえで、組織の資産として、マニュアル化したり、システム化したりして、仕組み化します。この構造（組織）資産として育成・発展されたものが、企業・事業所としての発展に繋がります。成長期の経営活動のエンジンとなります。

一定の成長を遂げた後には、より以上の効果的な発展を目指して、仕組み・システムのマネジメントを進めることが重要です。

（３）創業が成功するために

創業が成功するには、マネジメントが基本であり、その裏打ちとしてリーダーシップです。具体的な経営活動によって成果を上げるために、創業者・起業家に求められるものです。

創業成功のためには、発展段階に応じた具体的な取り組み、発展段階に応じた戦略が必要です。そして具体的な経営においては如何に効果的にマネジメントをするかということ及びそれを裏打ちする人としての魅力などに基づくリーダーシップが重要です。

成功した起業家の体験から言うと、特徴ある強み・技術力・ノウハウ力を持ち、チャレンジし続けることが大事です。夢の実現に向けてチャレンジし続ける努力、人並み以上に努力し続けることによって、創業、起業の成功につながっていきます。

【各経営主体のためのヒント】

＜地域中小企業＞

創業まもない事業者は、当然に小規模です。また、思ったように売上目標が達成できていない事業所が半数であり、赤字基調の会社も３分の１を超えます。このように成果が十分に上がっていないというのが、新規開業事業者の実態です[5)]。（図表１－４－６）

売り上げ目標が達成できないということは、目標売上については、商圏内の市場規模やシェアの設定が甘かったこと、実際の経営活動の中でマーケティングが不適切であったことなどが考えられます。赤字基調ということは、財務計画の甘さや創業後に想定外に経費が掛かることとなったこと、損益計画において経費の積算が甘かったことなどが考えられます。これらは、ビジネスプランの問題でもあり、創業後のマネジメントの問題や創業前に想定した強みがそうでもなかったとか、が考えられます。「創業後の仮説検証」と「戦略・計画の修正と実行」が行われなかったことが原因ということも考えられます。

事前の計画のち密さ、用意周到性が大事ということと実際の経営活動に当たってはマネジメント活動及び創業者のリーダーシップやネットワークを支える創業者の人間力が大きく影響してきます。

そして経営上の悩み、課題は、「顧客・販路の開拓」「資金繰り、資金調達」「従業員の確保」となっています。「顧客・販路の開拓」ということは、売上があまり上がっておらずマーケティング計画・実行が上手くいっていないということになります。「資金繰り、資金調達」が課題ということは、財務計画が十分に検討された内容ではなかったということになります。「従業員の確保」が課題ということは、人員・組織計画が不十分であったということが考えられます。

いずれにしても、計画を、データ等をもとにしっかりと検討して作成すること、実際の創業後の経営活動においては、マネジメントをしっかりと行うことです。

図表１－４－６　創業事業者は、成果が十分に上がっていない

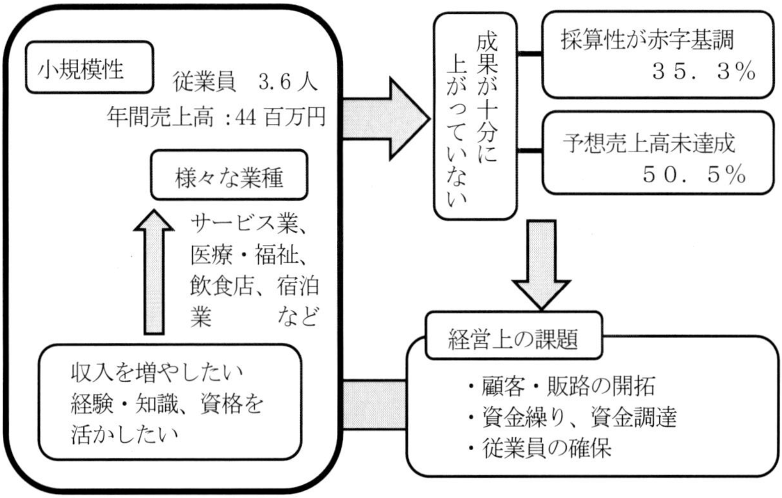

日本政策金融公庫「2015 年新規開業実態調査」等に基づいて筆者作成

＜NPO など非営利的組織＞

NPO などコミュニティに関する非営利的組織の創業・起業に関しては、情熱、夢が先行して、創業者の自己実現的意欲、地域に貢献したいという欲求が空回りする可能性があります。

そのため、ビジネスプランとしての確度・精度を高めること、様々なデータを基にビジネスプランを、詳細に検討したい。そのため、ビジネスに詳しい専門家（中小企業診断士、公認会計士など）や金融機関などに相談して、第三者的な立場の人からの意見をもらって、自分のビジネスプランをより確実性の高いものにしていきたいものです。

また、想定される顧客の支持が得られるか、また当該事業にかかるステークホルダーの理解や支持が得られるかということが大事です。そのため、同種の事業を実施している事業所経営者、先輩経営者の話を聞くとか、相談に乗ってもらうとか、また、ステー

クホルダーへの事前の説明も検討していきたいものです。

1） 中小企業白書　2006年版　第1部第2章第2節。
2） 人的資産、構造（組織）資産、顧客資産などの知的資産については、第2章参照。
3） 伊藤良二（2005）『成功するビジネスプラン』日本経済新聞出版社。
4） 勝見明（2006）『鈴木敏文の「統計心理学」』日本経済新聞社。
5） 日本政策金融公庫（2016）「2015年新規開業実態調査」。

第２章　知恵と工夫を活かした経営

第１節　知的資産経営

【課題】

中小企業においては、需要の停滞や利用者等のニーズの変化への対応などが、直面している経営上の課題として挙げられています。（図表 2−1−1）

中小企業が経営基盤の強化に向けて取り組むものとしては（2012 年 中小企業白書）、営業力・販売力の強化、人材の確保・育成、コストダウン、技術・研究開発の強化などです（図表 2−1−2）。これらの取り組みは人的資源の力に負うところが多いものです。

図表２−１−１　中小企業が直面している経営上の課題（2015 年）

卸売業	需要の停滞	メーカーの進出による競争の激化	小売業の進出による競争の激化	大企業の進出による競争の激化	販売単価の低下・上昇難	仕入単価の上昇	その他
	32. 7%	4. 3%	5. 1%	8. 4%	9. 0%	16. 5%	24. 0%
小売業	需要の停滞	大型店・中型店の進出による競争の激化	同業店の進出	購買力の他地域への流出	消費者ニーズの変化への対応	仕入単価の上昇	その他
	18. 3%	19. 0%	5. 2%	15. 8%	14. 3%	8. 5%	18. 9%
サービス業	需要の停滞	利用者ニーズの変化への対応	従業員の確保難	材料等仕入単価の上昇	大企業の進出による競争の激化	新規参入業者の増加	その他
	18. 0%	18. 1%	9. 4%	10. 2%	6. 3%	6. 7%	31. 2%

※2016 年版中小企業白書

図表２－１－２　経営基盤の強化に向けて注力する分野（複数回答、％）

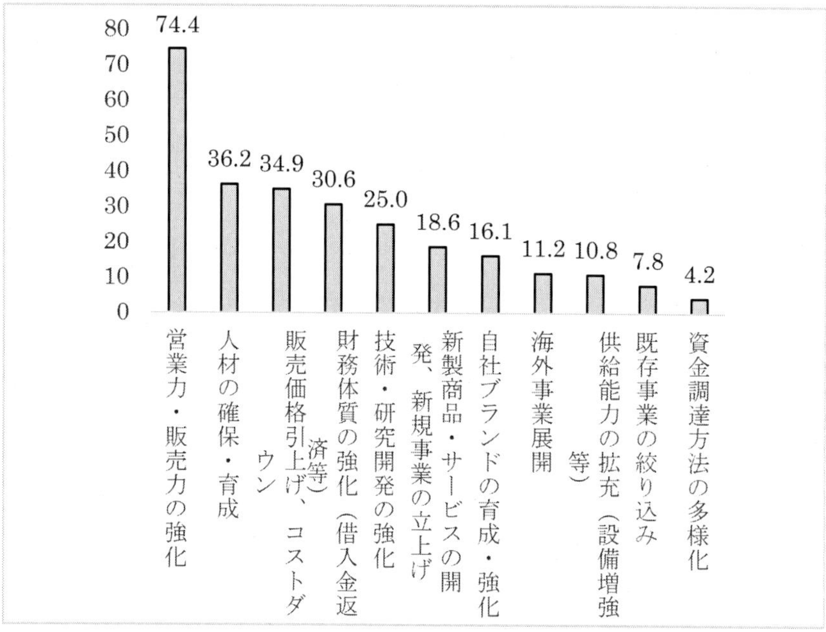

人材の力、ノウハウ、知恵、工夫、開発する力などソフトの力です。これらの知的な力が経営基盤の強化に必要です。知的資産[1]です。

厳しい経営環境の中で繁盛している中小企業がいます。その秘訣をみてみましょう。

繁盛の秘訣（事例）

<美味しい鰻>

ある地方中小都市で、美味しい鰻を食べました。インターネットで調べると美味しいと評判の店の一つでした。そのため、午前 11 時過ぎに店に入りました。もう 4 組ぐらいが入っておられました。11 時 40 分ごろには満席の状態になりました。

鰻定食を食べました。鰻が大変おいしかったです。歯ごたえがしっかりした身の鰻で、皮もしっかりという感じでした。タレも甘すぎず良かったです。

こんなおいしい鰻を食べたのは初めてでした。この鰻料理のお店は江戸時代から続くお店だそうです。

この美味しい「鰻の定食」や「うな丼」などの料理を提供して、売上を上げて利益を出し、継続的に経営していることの源泉、強い競争力の源泉を考えてみたいと思います。

まず、強みとしては、

・地元産の質の良い鰻を仕入れることができること

・美味しく料理するため事前の処理（調理）が行われていること

・美味しく鰻を焼く技術、知恵があること

・美味しいタレを作る技術、知恵があること

などがあると考えられます。（図表２－１－３）

この鰻屋さんにおいては、まず、鰻は老舗川魚問屋から届けられます。やや大ぶりの地元産の質の良い鰻を仕入れることができることは、経営者・料理人の目利き力であり、ネットワーク力であり、信頼関係に基づくものであり、これらは人的資産であり関係資産であると考えられます。

美味しく料理するために仕入れた鰻に対して事前の処理を行うということですが、仕入れた鰻は店内にある江戸時代からある古井戸から汲み上げた湧き水に放たれて数日間の餌止めをしたあと調理にかかります。この店の生け簀は年間を通じて16℃と一定の水温の地下水でしかも掛け流しの状態で数日間鰻を飼うことによって上質の鰻になります。ノウハウに基づく処理を行うということで、これも経営者・料理人による人的資産といえます。

美味しく鰻を焼く技術があること、美味しいタレを作る技術があることは、経営者・料理人による人的資産といえます。

地元産の質の良い鰻を仕入れることができることが、店のノウハウとしても内部的に把握されたものであれば、店として、組織としての資産、つまり構造（組織）資産といえます。

美味しく料理するため仕入れた鰻に対して事前の処理が行われていること、美味しく鰻を焼く技術があること、美味しいタレを作る技術があることについても、経営者・料理人の暗黙知や腕・技術としてだけではなく、店において組織としてのマニュアル等と

図表２−１−３　お客さんの絶えない、美味しい鰻やさん

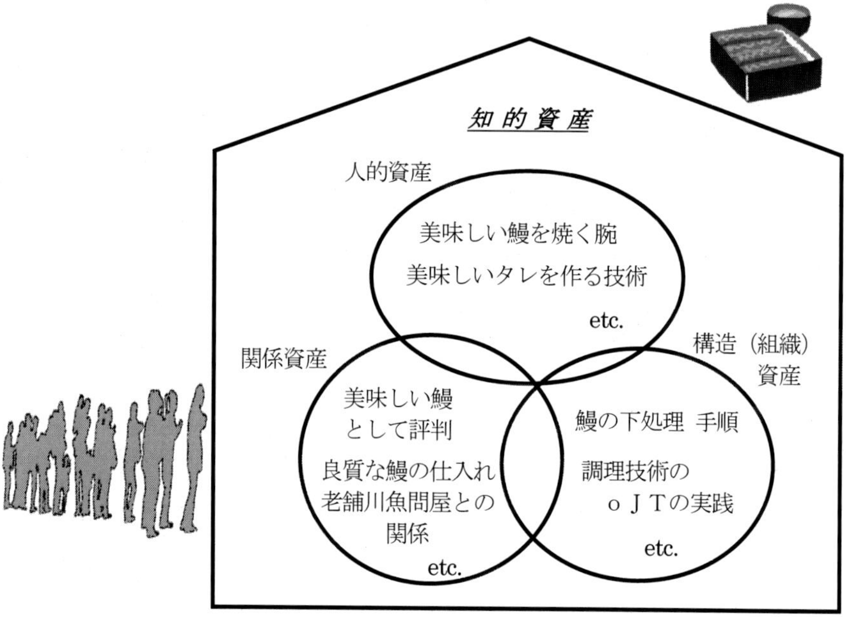

筆者作成

して形式知化していたり、研修プログラムとして他の従業員に0JT やoff　JT によって技術・腕の伝承が行われていたりすれば、構造（組織）資産となります。

地元産の質の良い鰻を仕入れることができることが、供給業者との長年の信頼関係であり、長年良質の鰻をお客さんに提供し続けてきた店のブランドに基づく仕入れ力といえれば、仕入れ企業等との関係としての資産です。

これらの資産によって、店の評判、顧客満足度が高まり、総合的な店のブランド、顧客ロイヤリティにつながります。顧客との関係としての資産ということです。

<丁寧で心のこもったホテルサービス>

先日、ある温泉のホテルに宿泊しました。

駐車場係、フロント、おかみさん、客室係（仲居さん）、など従業員の方々に、丁寧で親切な応対をしていただきました。良いお風呂でした。夕食、朝食も美味しくいただきました。食事は部屋食でしたので、地元の食材を使った食事を楽しみました。

このホテルにおける人的資産は、おかみさんや従業員の方々の、丁寧なもてなし（力）、サービス（力）です。その臨機応変の対応という学習能力、モチベーション、ノウハウ、などです。これらはホテル全体として取り組まれている研修や朝礼等を通じて、従業員に行き渡っているものと思います。

また、料理もよい食材を使って美味しく作られており、料理人の腕もよく、人的資産といえます。

ホテル全体として取り組まれている研修や朝礼、小集団活動によるCS（顧客満足向上）活動、OJT・off JTなどによって、従業員の丁寧なサービスが維持向上されていると考えられます。その意味において構造（組織）資産といえます。丁寧なサービスを継続的に提供する仕組みである、研修や朝礼、小集団活動によるCS（顧客満足向上）活動、OJT・off JTなどが当ホテルのノウハウであり競争力の源泉です。

宿泊者名簿をデータベース化して顧客台帳とし、季節ごとにお便りやDMを出してマーケティングを行っていれば、それも構造（組織）資産です。

OJT・off JTなどによって美味しい料理を継続的に提供するように取り組んでおられれば、構造（組織）資産といえます。

当ホテルにおいては、ネットのお客様の声においては、5点が162件、4点が208件、3点が9件という高評価であり、総合評価は4.22点と高くなっていました（筆者調査時点）。このように顧客満足度が高く、顧客ロイヤリティが高いということが、関係資産といえます。料金も一泊2食で１２千円から１４千円程度であり、リーズナブルな価格で良質の料理が提供できるということは、供給業者との関係において良質な食材を適切な価格で仕入れることができる関係を築いているということで関係資産といえます。

２つの事例でみたように、繁盛している店・企業には強みがあり、その店・企業にあるノウハウなどは知的資産といわれるものです。

これら財務諸表に表れない資産を活かした経営を、どのように進めていくかです。

【課題解決フローチャート】

強み、ノウハウ、知恵などの知的資産を活かした経営を進めていくためには、

- ・知的資産を把握・認識する
- ・知的資産を活かす計画をつくる
- ・知的資産経営をステークホルダーにアッピールする
- ・知的資産経営を実践する

という流れで進めていきたいものです。(図表２－１－４)

【対応策フレームワーク】

1．知的資産

まず、前提となる知的資産について考えてみます。

知的資産とは「従来のバランスシート上に記載されている資産以外の無形の資産であ

図表２－1－４　知的資産経営の実践

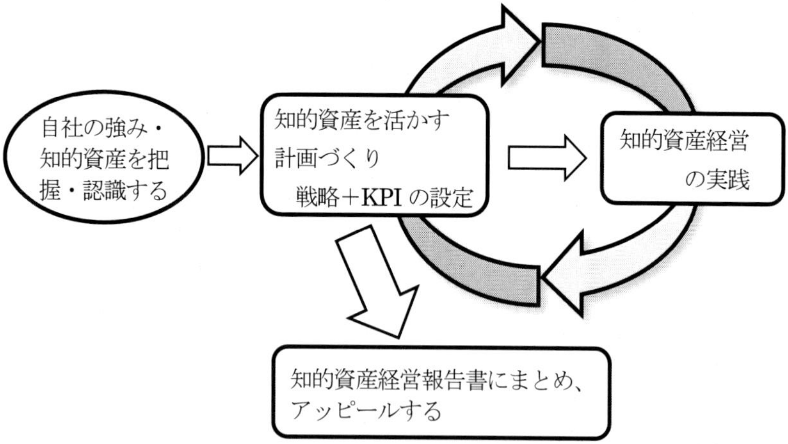

筆者作成

り、企業における競争力の源泉である、人材、技術、技能、知的財産（特許・ブランド等)、組織力、経営理念、顧客とのネットワーク等、財務諸表には表われてこない目に見えにくい経営資源の総称」[2)]です。(図表２―１―５)

この知的資産は、一般的には、人的資産(human capital)、構造資産(structural capital)、関係資産(relational capital)に分けられます（図表２―１―６)。企業・組織に働く人が持っている資産としての人的資産、企業・組織が持っている構造的な資産としての構造(組織)資産及び企業・組織の対外的関係に付随した資産としての関係資産です。

図表２－１－５　知的資産とは、企業における競争力の源泉である

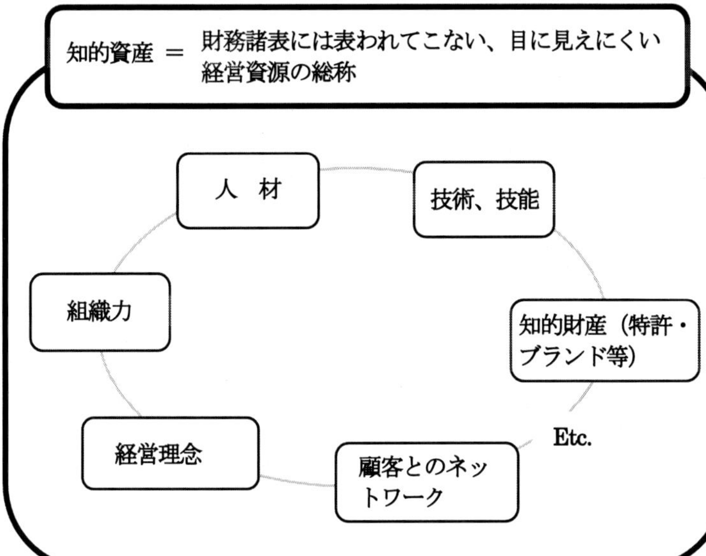

『中小企業のための知的資産経営マニュアル』（独立行政法人中小企業基盤整備機構、2007年）p.5 に基づき筆者作成

図表２－１－６　企業経営における知的資産

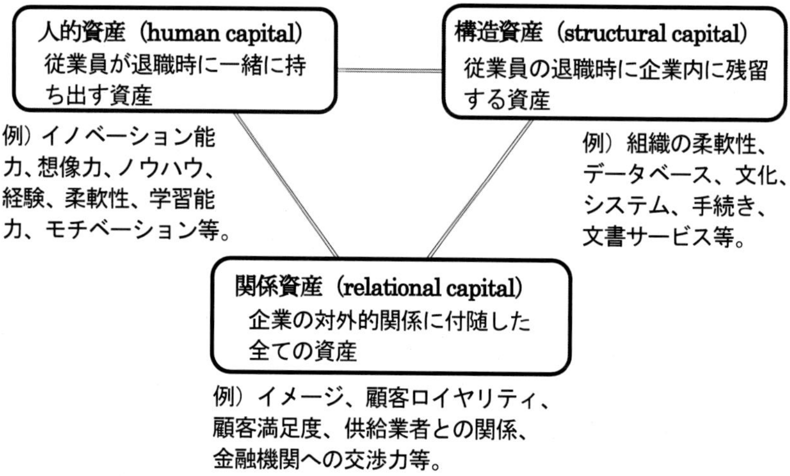
人的資産（human capital）
従業員が退職時に一緒に持ち出す資産
例）イノベーション能力、想像力、ノウハウ、経験、柔軟性、学習能力、モチベーション等。
構造資産（structural capital）
従業員の退職時に企業内に残留する資産
例）組織の柔軟性、データベース、文化、システム、手続き、文書サービス等。
関係資産（relational capital）
企業の対外的関係に付随した全ての資産
例）イメージ、顧客ロイヤリティ、顧客満足度、供給業者との関係、金融機関への交渉力等。

『中小企業のための知的資産経営マニュアル』（独立行政法人中小企業基盤整備機構、2007 年）p.6 に基づいて筆者作成

また、知的資産は、人的資産、構造的資産にわけて、構造的資産を顧客資産と組織資産とに分け、さらには組織資産をプロセス資産と革新資産に分ける考え方があります（図表 2－1－7）。この場合は、組織資産のなかにはプロセスに関わるものと、今後の発展を目指す革新を生み出す資産があることに着目しているものです。

筆者としては、知的資産は、

人的資産

顧客資産

構造（組織）資産（プロセス資産＋革新・開発資産）

の３つで構成されると整理して説明していきます。

ともかく、企業においては、これからの厳しい競争環境に打ち勝っていくには、ただ漫然とした経営ではなく、この知的資産に焦点を当てて経営を進めていくことが大変重

要です。

その場合、自社の

知的資産は何か

知的資産経営はどのように進めていけばいいのか

という課題に対応していかなければなりません。

図表２－１－７　知 的 資 産

- ・**人的資産**　*従業員及び経営陣の能力、知識、技術、経験であり、変化する環境状況の中で、個々人が常に自らの能力を向上させているかということ*
- ・**構造的資産**
  - ・**顧客資産**　*顧客との関係性、顧客の満足度等*
  - ・**組織資産**　*組織として体系化された能力*
    - ・**プロセス資産**　*作業のプロセスに関わる実務知識の類*
    - ・**革新資産**　*知的財産や新商品を生み出す能力を表すもの*

エドビンソン他『インテレクチュアル・キャピタル』（日本能率協会マネジメントセンター、1999年）他に基づき筆者作成

２. 自社の強み・知的資産の把握・認識

自社の強み、つまり知的資産は何かを把握し、認識することが、知的資産経営のまずスタートです。この知的資産の抽出・把握については、いくつかの方法がありますが、具体的なやり方は次節（第２節）に詳しく書いてありますので、参照してください。

自社の知的資産を把握・認識した後は、その知的資産を活かす計画づくりです。

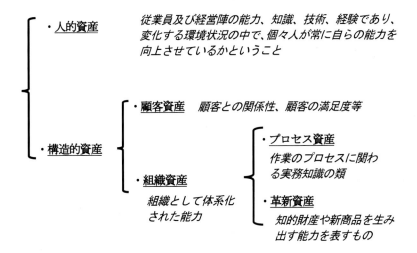

中小製造業者の自社の強みとしては、技術力、提案力、短納期、ブランド力、アフターサービスなどが挙げられています（図表2−1−8）。これらの強みを認識し、活かしていく経営に取り組みます。

図表２−１−８　貴社の強みは何ですか

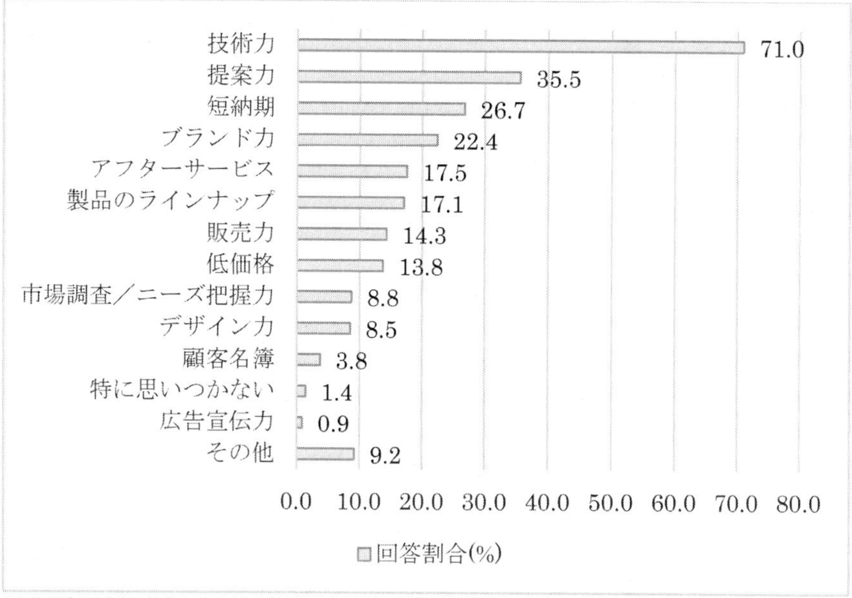

※東京商工会議所「中小企業の戦略的知的財産活用に関する調査報告書」（2016年）　中小・小規模製造業者　901社の回答集計

３．知的資産を活かす経営計画づくり

知的資産経営においては、

・知的資産がストックとしてどれだけあるか

・知的資産を活用するというフローが十分かどうか（知的資産を活かす経営活動が進められているか）

ということが大事です。常に知的資産のストックとフローを考えて経営を進めていくことが重要です。そのような観点で計画づくりをします。（図表2−1−9）

知的資産を育成・発展させる取り組みとしては、例えば中小製造業においては、ノウハウ等の社内での共有、市場調査／ニーズ把握に基づく技術開発、ノウハウ等の秘密管

図表２−１−９　知的資産を活かす経営計画フレームワーク・シート

<table>
<tr><td colspan="6">知的資産戦略</td></tr>
<tr><td colspan="6">＜知的資産をどう活かして経営していくかの戦略を記述　＞
＜全体としてのKPIを記述。主要事業の売上高、営業利益、新商品開発数など＞</td></tr>
<tr><td colspan="2">区　分</td><td>知的資産の内容</td><td>取り組み</td><td>知的資産KPI（重要業績評価指標）</td><td>目標、効果</td></tr>
<tr><td colspan="2">人的資産</td><td>＜わが社の強みの内容を記述。以下同じ＞</td><td>＜知的資産の育成・強化や活用などの取り組みを記述。以下同じ＞</td><td>＜知的資産のKPIを記述。以下同じ＞</td><td>＜目標、効果を具体的に記述。以下同じ＞</td></tr>
<tr><td colspan="2">顧客資産</td><td></td><td></td><td></td><td></td></tr>
<tr><td rowspan="2">構造（組織）資産</td><td>プロセス資産</td><td></td><td></td><td></td><td></td></tr>
<tr><td>革新・開発資産</td><td></td><td></td><td></td><td></td></tr>
</table>

※「知的資産の内容」はストックを意識して記述するとよい。「取り組み」はフロー、活用に視点をおいて記述するとよい。

理、提案制度や小集団活動などが挙げられています。(図表2−1−10)

ノウハウの社内での共有というのは、ノウハウという人的資産を構造（組織）資産として、企業内の資産として取り込み、企業のコア・コンピタンスとして発展を目指していくという取り組みです。

人的資産の構造(組織)資産化のためには、マニュアル化するという暗黙知の形式知化の方法があります。また、マニュアル化ではない方法をとっている企業もあります。ある金属加工による部品製造企業においては、金属部品の難加工はできる工員一人に任せるのではなく、能力がある工員何人かにローテーションで行わせることによって、企業における構造(組織)資産化して技術・ノウハウの維持・向上を図っておられます。企業の特性に応じて、技術・ノウハウの共有、組織化のための工夫を仕組み化していくという取り組みも進めます。

図表２－１－１０　貴社は強みを保つために、何をしていますか

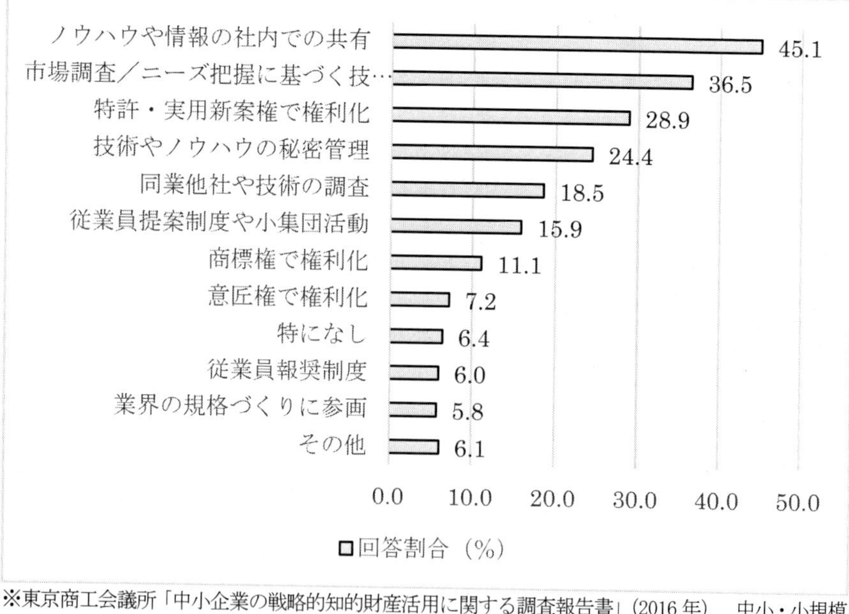

※東京商工会議所「中小企業の戦略的知的財産活用に関する調査報告書」(2016年)　中小・小規模製造業者　901社の回答集計

知的資産の育成・発展や活用によって企業業績を高めるための取り組みを進める場合、知的資産にかかるＫＰＩ（重要業績評価指標：Key Performance Indicators）を設定し、その実現に向けて取り組むことです。なお、KPI については、図表２－１－11 の例を参考にして、企業ごとに適切な指標を考えていきます。

図表２－１－１１　知的資産のKPIの例

区　分		知的資産 KPI
人的資産		社長のネットワーク人数（名刺交換枚数）、役員の平均年齢、従業員数、従業員満足度、従業員一人当たり研修費、一人当たり改善提案数、など
顧客資産		顧客名簿数、主力商品のマーケットシェア、顧客満足度、リピート率、など
構造（組織）資産	プロセス資産	改善提案件数、企業内に定式化されたノウハウのマニュアル件数、品質管理活動や品質に関する賞の受賞件数、新商品企画件数、など
	革新・開発資産	研修参加者数、資格取得者数、知的財産や新商品を生み出した件数、研究開発費、研究開発体制、新商品開発の推進状況・体制、など

４．知的資産経営報告書によるアッピール

このように知的資産を把握し、その知的資産を活かす計画に基づいて経営を進めようとする企業としては、この知的資産経営について、取引先・金融機関・就職を目指す学生などに対してアッピールしていくことが重要です。自社がどのような強みを持っているか、それを活かしてどのように発展していこうとしているのかを積極的にアッピールします。それによって企業の信頼が高まり、企業のネットワーク力を高めることにもつながります。

企業が知的資産経営をアッピールするためには、知的資産経営報告書を作成します。

ただ、知的資産報告書は、独りよがりになりやすい面もあります。いかに企業の実態を適切に反映させるか、財務情報や企業内の詳細な情報等をエビデンスとして示して、

ステークホルダーに納得が得られるもの、かつ自社の発展につながるものにしていくことを目指します。そして、定期的な見直しも大事です。

５．知的資産経営の実践

知的資産を活かす経営計画フレームワーク（図表２-１-９）で作成した計画に基づいて、知的資産経営の実践を進めていきます。企業の経営において、知的資産の育成・強化や活用などの取り組みを進めます。その中で成果を出すようにします。その経営の実践によって、指標（KPI）がどのようになったのかもしっかり把握し、検討します。

取り組みの具体的な内容とその成果に基づく課題を把握します。その結果の検証と課題を踏まえたうえでの新たな取り組みを進めます。

この知的資産経営の計画と実践を相互作用させ、循環させ、スパイラルに経営体として発展していく活動が求められます。

【各経営主体のためのヒント】

＜地域中小企業＞

地域中小企業においては、知的資産が今後の経営に重要な影響を与えると考えられます。知的資産を活用できている中小企業ほど売り上げが増加傾向となっています（図表2－1－12）。知的資産を育成・発展させ（ストック）、それにとどまらず、その知的資産を効果的に活用する（フロー）ことが、企業の発展につながっています。この点に充分に留意して、経営を進めたいものです。

また、ある調査[3)]によると、中小企業においては、

・「経営者能力」（人的資産）

・「顧客満足度」（顧客資産）

・「経営戦略の履行」（構造（組織）資産）

に取り組むことによって業績の向上が期待されるということです。

これらに重点的に取り組むなど、地域中小企業においては効果的な知的資産経営を進めていくことが求められています。（製缶板金加工企業の知的資産経営報告書など地域

中小企業について、いくつかの事例が公表されていますので参考にしてください。）

図表２－１－１２　知的資産を活用できている企業ほど売上が増加傾向

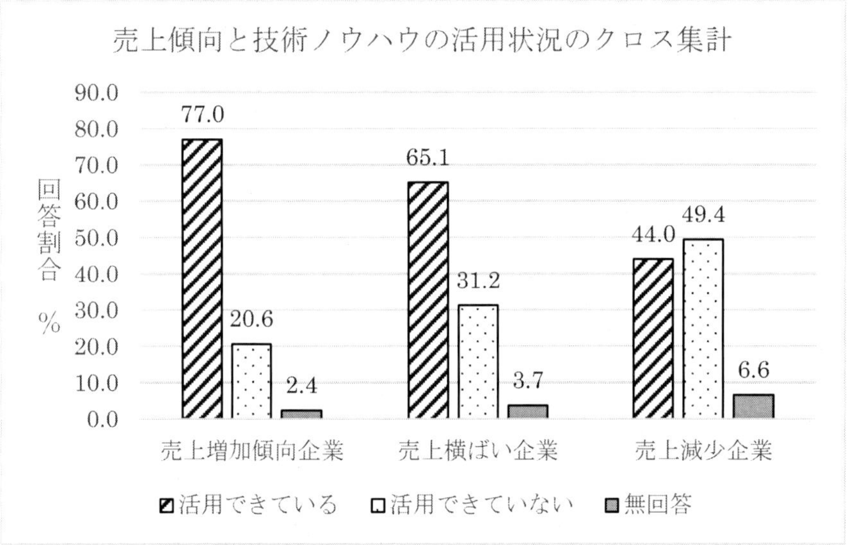

※東京商工会議所「中小企業の戦略的知的財産活用に関する調査報告書」(2016 年)　中小・小規模製造業者　901 社の回答集計

<NPO などの非営利的組織>

知的資産は、今までみてきたように、何か難しいものではなく、また、企業のみに求められる経営資源、資産ではありません。NPO や福祉関係法人や地域スポーツ組織などが、本来のミッションを遂行し、関係者に支持され存続し、発展するためには、それを支える強みが必要です。その強みがなければ、長く存続し地域社会に貢献していくことは難しいといえます。

そのため、強みの源泉、知的資産を把握・認識して、それを基盤として継続的存続組織として発展していきましょう。（デイサービス事業所など福祉関係事業所についても知的資産報告書が公表されていますので参考にしてください。）

例えば、非営利的組織である総合型地域スポーツクラブにおいては、課題として、会員の確保、財源の確保、指導者の確保などが挙げられています（図表 2－1－13)。何らかの抜本的な取り組みが必要といえます。

課題解決に向けて取り組んでいるものとしては、子育て支援・若者のスポーツ参加に関するものとして、親子一緒に参加するスポーツ教室、放課後子供教室との連携によるスポーツ教室の開催、20－30 代のスポーツ参加に向けた取り組み、などが挙げられています（図表 2－1－14)。これらは、ただ取り組めばいいというものではなく、魅力的な、参加者が満足するもの＝顧客満足度が高いものを実施する必要があります。

顧客満足度が高いものを実施するためには、そのクラブに所属する人材が得意とするもの、また子供や若い人に意欲もってもらえる指導が上手い人などがいることが望まれますし、また参加者に喜んでもらえるメニューの実施と次もまたやりたいと思ってもらえるような運営が望まれます。

そのためには、人材であり、子供が喜んでもらえるメニュー・やり方のノウハウ、学校等との連携のためのネットワーク力が必要となります。これらの知的資産（強み・ノウハウ等）の確認と、成果検討会などによるノウハウの共有やマニュアル化によって、それらの知的資産をクラブという組織内の資産として育成・発展させていくという取り組みが大事です。

このような取り組みは、他の非営利的組織においても大変重要と考えられますので、NPO や農産物生産販売所や福祉施設などにおいても、それぞれの経営環境に応じて、当該組織の知的資産の育成・発展と活用という知的資産経営に取り組んでいきましょう。

図表２－１－１３　総合型地域スポーツクラブの課題

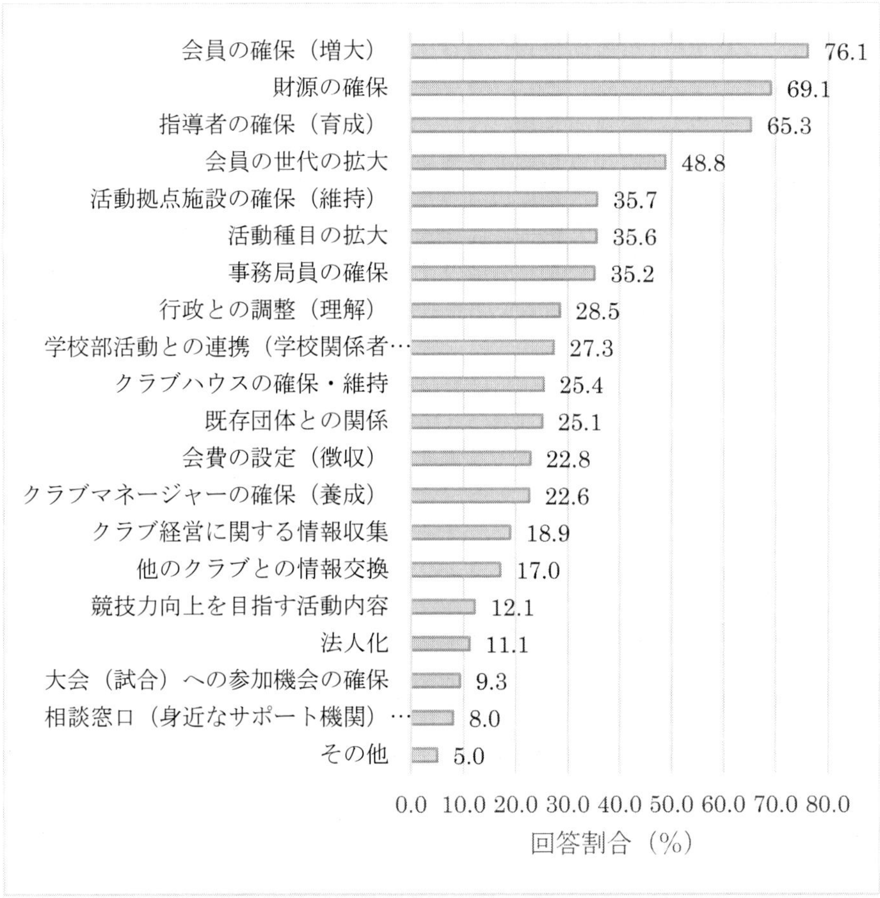

※　複数回答
スポーツ庁「平成27年度　総合型地域スポーツクラブに関する実態調査結果　概要」2015年

図表２－１－１４　総合型地域スポーツクラブの特色ある取り組み

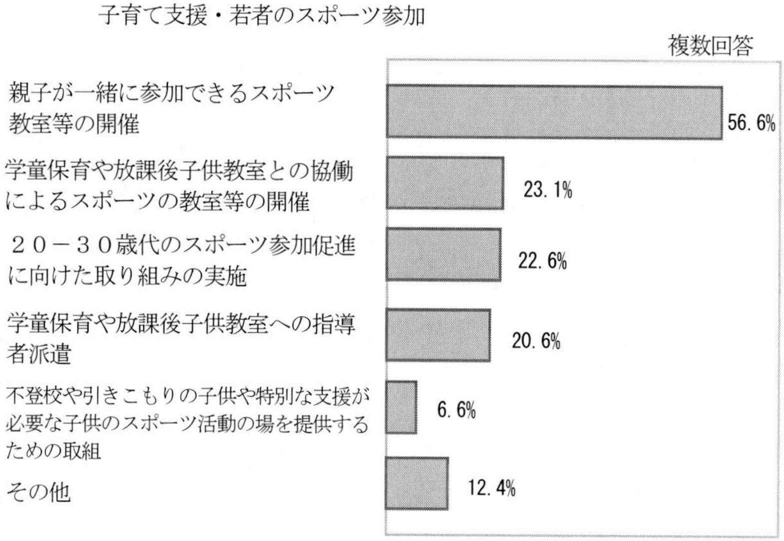

---

1) 本書における知的資産経営に関しては、経済産業省(2005)『知的資産経営の開示ガイドライン』、中小企業基盤整備機構（2007）『中小企業のための知的資産経営マニュアル』、中小企業基盤整備機構（2008）『事業価値を高める経営リポート作成マニュアル』、中小企業診断協会（2012）『知的資産経営支援マニュアル』、一般財団法人知的資産活用センター「知的資産経営アカデミー」教材、山田康裕（2006）「知的資産をめぐる管理会計手法の発展」（彦根論叢（滋賀大学）363 号、2006 年 11 月）、古賀智敏(2012)『知的資産の会計　改訂増補版』千倉書房、池島政広（2007）「知的資産経営による企業の再生」（三田商学研究（慶應義塾大学出版会）第 50 巻 3 号、2007 年 8 月）、望月恒男（2014）「知的資産経営の展開と BSC」（商学研究（愛知学院大学商学会）、第 54 巻第 2・3 号、2014 年 3 月）、京都府（2008）『知恵の経営報告書』、などを参考にしました。

2) 中小企業基盤整備機構（2007）『中小企業のための知的資産経営マニュアル』。

3) 大阪産業経済リサーチセンター「中小企業における情報開示と知的資産の認識・活用に関する調査報告書」（http://www.pref.osaka.lg.jp/attach/1949/00004348/140424-2.pdf）。

第２節　自社の知的資産の把握

【課題】

企業経営においては、どのように勝ち残っていくかです。そのため知的資産経営が重要です。

しかし、自社に「知的資産」といえるものはないのではないか、知的といえるものはないのではないかと考えがちです。しかし、知的資産とは強みです。競争力の源（源泉）、企業力です。それは、企業のノウハウ、知恵です。

そのため、この知的資産経営の推進にあたっては、まず、自社（自組織）の持つ知的資産について、把握することが先決です。自社（自組織）の持つ知的資産を認識し確認して、効果的な経営を進めていくことが重要です。

今まで企業として存続してきた自社の知的資産をどう把握するかです。

【課題解決フローチャート】

知的資産経営においては、

知的資産の把握・認識→知的資産の体系化→戦略的知的資産経営へ

という手順で考えていきます。

まず自企業・組織の知的資産の現状を把握することから始めます。

企業・組織としては、どのような知的資産を持っているのか、それはこれからの企業・組織の発展のためにどのような価値を持っているのかなどについて、棚卸をして、評価して、確認する作業が重要です。それを企業・組織内の従業員等で再確認するという、知的資産の把握が必要です。

人的資産に関しては、従業員個人が持っている知恵やノウハウなどですが、これは企業の経営活動の中で培われたものも多いことから、これを個人の暗黙知主体から組織の形式知に移行させる仕掛け、活動が必要です。

個人のノウハウ力、技術力を、組織文化として、組織のノウハウ力、技術力として転換し発展していくことです。例えば、トヨタにはカンバンに代表されるトヨタ方式の生産管理のノウハウがありますが、従業員が入れ替わっても組織に残っていくノウハウです。トヨタの組織文化として発展していっています。

知的資産経営においては、このような

- 企業の知的資産の棚卸・確認
- 企業内の知的資産の体系化
- 人的資産の構造（組織）資産化
- 知的資産の育成・発展

が必要です。

さらには、

- これらの知的資産を活用した経営活動
- 経営発展戦略の推進

がこれからの企業の生き残りには必要です。

具体的な、知的資産の抽出方法としては、知的資産分類別ブレーンストーミング法、売上実績・利益実績からの抽出・把握、バリューチェーン抽出・把握、企業の過去・現在の事業発展軌跡からの抽出・把握、セグメント分析法などがあります(図表2−2−1)。

これらを具体的に実施して、知的資産の抽出・把握を進めます。

【対応策フレームワーク】

1．知的資産の確認・抽出

具体的な知的資産の抽出について、各方法によって具体的に進めてみましょう。

① 知的資産分類別ブレーンストーミング法

知的資産の分類に応じて、関係者のブレーンストーミングなどによって意見交換・討議によって抽出します。

まず、知的資産の分類に応じて、人的資産、顧客資産、プロセス資産、革新・開発資産、それぞれについて、わが社の知的資産は何かを把握します。(図表2−2−2)

図表　２－２－１　　知的資産の抽出・把握

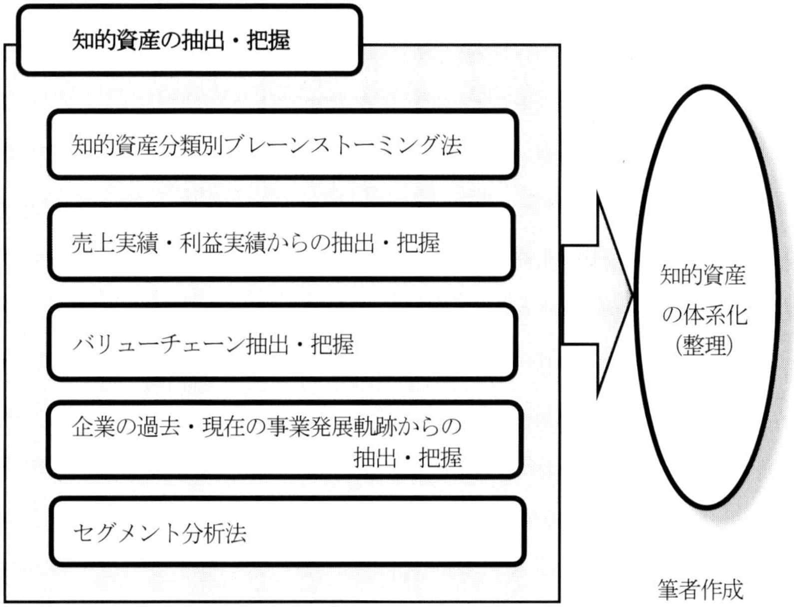

筆者作成

図表２－２－２　分類別知的資産ブレーンストーミング・フレームワーク・シート

知的資産		内容	自社の強み・知恵
人的資産		個々人の技能、知識、能力、教養、経験、個性 企業価値を増大させるために人的資本のまとまりを管理することを指向した企業活動の集積 採用、選抜、人員配置、作業設計、教育訓練、コミュニケーション、悩み相談、個人の評価及び報酬といった活動 など	
顧客資産		顧客満足 ブランド ステークホルダーが抱く企業イメージ など	
構造（組織）資産	プロセス資産	企業内に定式化されたノウハウの集合 品質管理活動、品質に関する賞の受賞 マニュアル、最善の実践、イントラネットの資源、計画の集積 など	
	革新・開発資産	明日の成功をもたらすものであり、企業全体の革新の源である取り組み 業務プロセスの改革システム 知的財産や新商品を生み出す能力 研究開発費、研究開発体制 新商品開発の推進状況、体制 など	

※「自社の強み・知恵」欄に、具体的な自社の内容を書き込む。

また、主要な知的資産ごとにブレーンストーミングするほうが取り組みやすい場合があります。主要な知的資産である経営力・経営理念、技術・ノウハウ、アイデア、企業ブランド、顧客ネットワーク、人材、商品・事業について、わが社の強みについて社内関係者等で討議して、知的資産を具体的に書き出します。(図表 2−2−3)

また、SWOT 分析を行い、その中の強みについて、知的資産という視点で整理するということも考えられます。

図表２－２－３　主要な知的資産ブレーンストーミング・フレームワーク・シート

知恵 (知的資産)	主な項目	自社の強み・知恵
経営力・経営理念	市場を読む力、経営者の人柄、リーダーシップ、社風、経営基盤、経営目標の共有、など	
技術・ノウハウ	独自性、優位性、技術水準持続性、先進性、など	
アイデア	新規性、有用性、売り上げ貢献度、連続したアイデア創出の仕掛け、など	
企業ブランド	認知度、信頼性、伝統、ロイヤリティ、など	
顧客ネットワーク	顧客満足度、顧客数、顧客名簿、顧客リピート率、など	
人　材	人材育成、従業員満足度、従業員いきいき度、営業能力（売り込む力）、開発力、有資格者と活用度、など	
商品・事業	市場規模、品質（精度）、品質安定度、市場の成長性、市場ニーズへの適合、など	

※「自社の強み・知恵」欄に、具体的な自社の内容を書き込む。

②　売上実績・利益実績からの抽出・把握

自社の売れている分野、商品について売れている理由を把握して、知的資産を抽出・把握します。(図表2−2−4)

また、利益額や利益率が高い分野で知的資産を把握することにより、具体的かつ詳しい企業力を把握することにより、今後の飛躍につなげることが可能となります。(図表2−2−5)

図表２－２－４　売上実績からみた知的資産の抽出フレームワーク　＜記入例＞

区　分（部門）	売上高とその推移	特長（売れている理由）	左の源泉	支持されている知恵・知的資産
漬け丼	○年 △△万円 ○年 △△万円 ○年 △△万円	漬けこんだ魚料理が美味しい のせる数種類の魚と野菜や海苔・胡麻などのトッピングによるハーモニーによって美味しい	魚や野菜、海苔などの美味しい組み合わせとそれに対応したオリジナルのタレによる料理	魚の種類に応じた漬けタレの作り方、魚の漬け込み方のノウハウ 魚や野菜、海苔などの美味しい組み合わせとそれに対応したオリジナルのタレなどのレシピが豊富
魚料理	○年 △△万円 ○年 △△万円 ○年 △△万円	素材の良さ 素材の調理の方法が上手い	良質な素材を老舗問屋から安定的に仕入れ 仕入れた素材の臭みを取るための前処理	老舗問屋とのネットワーク＝信頼関係に基づく良質な仕入れ 調理に関するノウハウが伝承されている

図表２－２－５　利益実績からみた知的資産の抽出フレームワーク＜記入例＞

区　分（部門）	利益額（利益率）とその推移	特長（利益実績が高い理由）	左の源泉	支持されている知恵・知的資産
部品加工	○年 △△万円 ○年 △△万円 ○年 △△万円	適切な単価で仕事の依頼が来る	発注者の求める精度を満たす加工をして納入 納期を確実に守る	体系的な技術研修を実施 生産管理において製品ごとの納期管理を実施
建物等 維持管理 サービス	○年 △△万円 ○年 △△万円 ○年 △△万円	他の業者が対応できないような、トラブル解消のための依頼が多い	現場の状況に合わせてトラブル解消する技術ノウハウがある 現場で対応が難しいときは詳しい技術者に相談して対応 24時間体制で対応	技術力を高めるための相互研修を定期的に実施 多能工訓練計画表（スキルマップ）により各人のスキル状況の把握とスキルアップを計画的に実施 24時間体制のためのシフト制

③　バリューチェーンからの抽出・把握

企業には、企画開発、仕入れ・調達、製造、販売、物流・サービスなどのバリューチェーン（製品の企画開発や原材料の調達から製品・サービスが顧客に届くまでの企業活動における一連の価値（Value）の連鎖(Chain)）があります。このバリューチェーンの機能段階ごと、過程ごとに強みを抽出していき、その強みの源泉である知的資産を抽出します。(図表２−２−６)

自組織における事業活動を機能ごとに分類して、機能段階（ビジネスフロー）ごとにどのようなバリューを生み出しているかをみていきます。そのバリューを生み出している源泉が知的資産となります。

機能段階ごとの自社の優位性を、人的資産、顧客資産、構造（組織）資産の分類ごとに考えていくことも有効です。

図表２−２−６　バリューチェーン別知的資産抽出フレームワーク・シート

区分	企画・開発 ⇨	仕入れ・調達 ⇨	製造 ⇨	販売 ⇨	物流サービス
人的資産					
顧客資産					
構造（組織）資産					

※強み（知的資産）については、裏付けとなる指標及び事柄やデータに基づいて記述します。

④　企業の過去・現在の発展軌跡からの抽出・把握

企業の過去から現在までの事業展開の中から知的資産を抽出する方法です。それぞれの企業が今まで存続、発展してきたということは、競争を勝ち抜いて存続し続けたという力＝強みがあります。それが知的資産です。それを抽出します。(図表２−２−７)

例えば、企業の創業期においては、どのような強みがあったのか、それが企業の成長段階や経営環境の変化への対応の中でどのような事業展開を図ってきたのか。その過程で競争力を勝ち抜く源泉、企業力はその発展段階（ライフサイクル期）それぞれの段階においてどのように対応したのかを再確認します。その発展段階ごとの強み、ノウハウ、競争力の源泉を確認します。その知的資産を今後の企業活動に活かしていきたいものです。企業の事業展開の過程の中での知的資産の棚卸をし、把握していきます。

図表２－２－７　企業の事業展開実績からの競争力の源泉の把握フレームワーク・シート

ライフサイクル期・年代、等	時期 （　年～　年）	事業展開、成長部門	当時の強み・競争力の源泉

※ライフサイクル期・年代は、例えば、創業期・成長期・成熟期や、「右肩上がり経済成長期」「経営合理化期」「他県進出期」「公共事業依存からの脱却期」など経営の状況を示す言葉で総括すると、理解しやすい場合があります。企業の状況に応じて記載します。

⑤　セグメント分析法

セグメント分析は、企業の事業活動を「経営理念」「マネジメント」「技術・ノウハウ・ネットワーク」「製品（商品）・サービス」「業績・実績指標」のセグメントに分けて記載し、各知的資産のつながりをストーリーとして捉える分析手法です（図表２―２―８)。つまり、製品(商品)・サービスの業績・実績指標から、製品（商品）・サービスの特長とそれを支える知的資産（強みや知恵など）が何かを考えます。そのなかで「強み・ノウハウ」を把握・確認します。（そして、本来的には、強みの構築過程を確認して、今後の知的資産経営に活かしていきます。）

図表２－２－８　知的資産セグメント分析

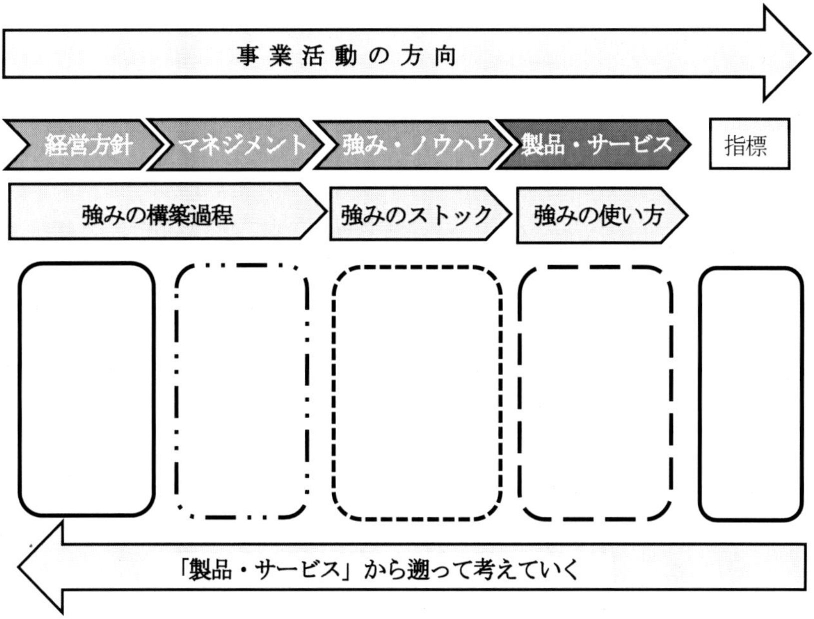

参照：一般財団法人知的資産活用センター「知的資産経営アカデミー」教材、
http://sinise-consultare.jp/qa/qa014.html

２．知的資産の体系化

具体的な抽出、確認の作業を経て、いくつもの自社の知的資産が浮かび上がってきます。それをいくつかのグループに分けて、箇条書きにします。それをフロー化、図解化して、体系化します。それを社内的にも検討し、確認をします。自社の知的資産の共有化です。

そして、体系化されたわが社の知的資産をもとに、今後の知的資産経営を推進します。

【各経営主体のためのヒント】

＜地域中小企業＞

地域中小企業、小規模事業者にとっては、知的資産経営は重要なキーワードです。知的資産というと、特許や意匠や商標などの難しい、高尚なものを考えがちですが、そうではありません。今まで企業として発展してきた根拠となるもの、源泉です。それは、人材、技術、技能、知的財産（特許・ブランドなど）、組織力、経営理念、顧客とのネットワークなどです。

どの企業も持っている強みです。それは企業の人材による強み、長年の実績から培われた仕入れ先とのネットワーク、技術などです。これらを把握、確認します。この強みを３C 分析や SWOT 分析なども活用して確認しましょう。

これを基に、企業の今後の発展を考えていきます。自社の持つ強み（知的資産）を基に、企業の発展のための経営の改善計画、経営の革新計画につなげていきます。

＜NPO などの非営利的組織＞

NPO などの非営利的組織においても、強み（知的資産）が大事です。強みが無ければ、組織としての存続・発展は望めません。

強みは、他の非営利的組織との比較においての強みでも良いのです。ともかく非営利的組織として、モノを買ってもらったり、サービスを利用してもらったりしている理由、根拠が強みだということです。

第三セクター方式の道の駅・産地直売所のセグメント分析の例（図表 2−2−9）で考えると、魅力的な地場産品の品揃えは個性ある地場産品を発掘・開拓する力があるということであり、安定的な品揃えを実現するため地域農家との連携による地域特産物生産の仕組みの構築というネットワークによる仕組み構築力があるということです。当所ならではのオリジナル商品の研究・調査をする力があるということであり、従業員サービスがよいということは接遇技術向上のための改善提案活動が継続的に行われているという組織に内在する力であるといえます。

そして、これらの強みは、地域の顔としての道の駅になる、地域農業を活性化させる、従業員サービスにより満足・価値を与える、という経営理念のもと、経営会議における品揃え充実のための PDCA の実施、商品開発チームを中心とした検討会議の実施、人材育成プログラムの実施などのマネジメント活動の成果であるといえます。

このように知的資産を確認して、非営利的組織としても、そのミッションの着実な実行を進めていくことが大変重要です。

図表２－２－９　　知的資産セグメント分析

（道の駅・産地直売所の例）

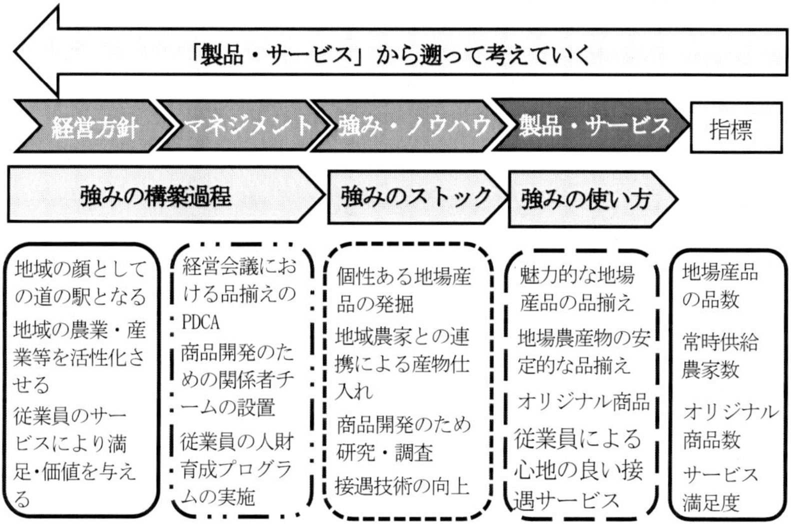

筆者作成

第3節　知的資産経営の発展

【課題】

知的資産は、財務諸表に表れない資産で、企業の競争力の源泉ですが、ではどれほどの価値を持っているのでしょうか。

知的資産÷決算書上の有形資産簿価、つまり知的資産価値倍率を試算（2004年）してみると、例えば、トヨタ自動車は1.686倍、本田技研工業は2.104倍となっており、ヤフー79.126倍、セブンイレブン3.875倍という大きさです。（図表2−3−1）

知的資産は、企業経営の中で大きなウエイトを占めているということです。

企業発展のカギを握っている、このような知的資産をいかに発展させていくかです。

図表2−3−1　知的資産上位10社の知的資産価値倍率

知的資産上位10社(2004年)

企業名	知的資産(億円)	知的資産価値倍率
トヨタ自動車	111,398	1.686
KDDI	89,119	5.308
NTTドコモ	85,679	2.268
ヤフー	48,425	79.126
本田技研工業	40,230	2.104
NTT	28,429	0.236
キャノン	26,636	1.284
中部電力	26,323	1.159
セブンイレブン	25,002	3.875
日産自動車	23,401	0.518

※知的資産価値倍率＝知的資産÷有形資産簿価

古賀智敏(2012)『知的資産の会計　改訂増補版』（千倉書房）p.37に基づき筆者作成

【課題解決フローチャート】

知的資産経営の実践を進めていくと、その実践の中において、新たな課題が生じてきます。知的資産のノウハウ・技術・課題対応能力などにおいて課題が生まれてきます。

その課題を解決して、知的資産経営を発展させていかなければなりません。絶えざる革新の視点で取り組んでいくことが重要です。特に重要なプロセスの視点、革新・開発の視点、人材の視点を中心的な視点として取り組んでいきます。それにより、さらなる発展のための知的資産経営を目指します。(図表２−３−２)

図表２−３−２　これからの発展を目指した知的資産経営の推進

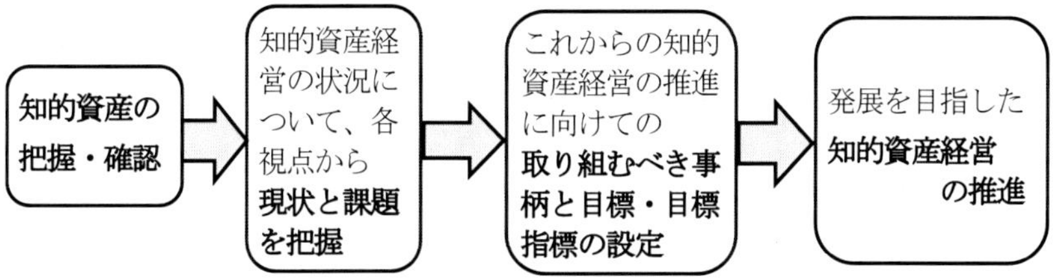

筆者作成

【対応策フレームワーク】

１．知的資産経営を推進するための視点

知的資産に基づく経営について積極的に取り組んだスカンディア社（スウェーデン）による知的資産体系においては、人的資産に対する構造的資産のなかに顧客資産と組織資産があげられ、組織資産にはイノベーション資産とプロセス資産があるとされています。知的資産の中の構造（組織）資産においては、業務プロセス・内部ビジネスプロセスなどの**プロセスの視点**と革新・開発などの**イノベーションの視点**が重要であることを示しています。

スカンディア・ナビゲータ[1)]は、知的資産及び企業の価値創出能力の発展に向けたフレームワークです。企業、組織の知的資産経営において、具体的な推進を図るためのツールです。

このようなスカンディア社の知的資産体系に基づく知的資産経営を可視化して推進する手法としてのスカンディア・ナビゲータは、財務の視点、顧客の視点、プロセスの視点、人材の視点、革新・開発の視点で構成されており、各視点での知的資産の経営活動を進めていくこと、また各視点の指標を基に知的資産経営を進めていくことが大事です。（図表 2－3－3）

このスカンディア・ナビゲータを基に、知的資産及び企業の価値創出能力を活かした経営を目指していきます。

財務の視点は、過去の成果であり、顧客の視点、プロセスの視点、人材の視点、革新・

図表２-３-３　知的資産経営を推進するための視点
－スカンディア・ナビゲータ

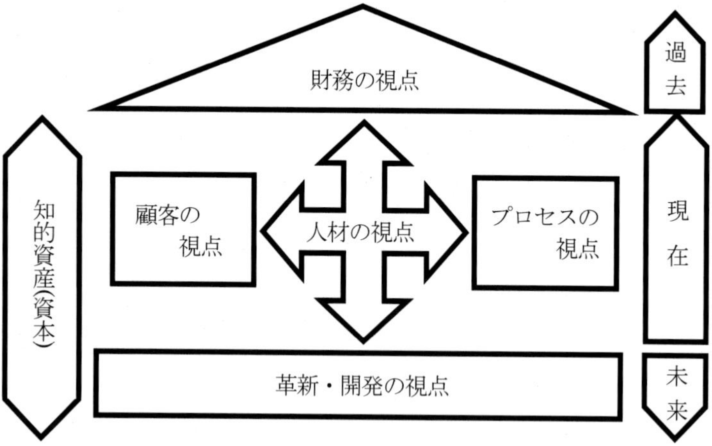

山田康裕「知的資産をめぐる管理会計手法の発展」（彦根論叢（滋賀大学）363 号、2006 年 11 月）図表 2、古賀智敏『知的資産の会計　改訂増補版』千倉書房(2012) 図表 17-4　を一部筆者修正

開発の視点を支える財政的な基盤を提供していくものです。

顧客の視点の知的資産は、顧客との関係性を良くし組織体が顧客に支持されるように取り組む活動のノウハウ、蓄積された顧客からの信頼関係、顧客名簿、顧客の持つブランドイメージなどです。

プロセスの視点の知的資産は、企業内に蓄積された形式化されたノウハウの集合です。組織体の業務プロセスにおける強み、ノウハウであり、業務プロセスにおける効率性・有効性の源泉となっている知識・マニュアル・暗黙の知恵・組織に蓄積されたノウハウです。

革新・開発の視点の知的資産は、イノベーションの視点の知的資産であり、将来の成功を目指す知恵・工夫・活動であり、企業活動の革新の源です。人材の視点、プロセスの視点、顧客の視点は現在の時点における知的資産です。革新・開発の視点はこれらの視点の活動を支援し将来において改善するために行われる投資的な活動です。またそれは、企業の存続・発展のための土台といえるものです。

人材の視点は、顧客ニーズを掴んだり、新たな付加価値サービスを組織に提供したりできるようにする従業員の知識・技能・能力に関連した人材という視点です。

人材の視点は、財務の視点、顧客の視点、プロセスの視点、革新・開発の視点、それぞれの活動の源泉であり、中心的な役割・機能を果たすものであり、それぞれの活動の基盤です。

２．具体的な進め方

知的資産の把握、確認をして知的資産経営を進めます。知的資産経営の実践の中で、知的資産経営の現状と課題フレームワークに基づいて、知的資産経営の現状と課題を把握します。（図表２－３－４）

図表２－３－４　知的資産経営推進のための現状と課題フレームワーク・シート

視点	知的資産の内容	指標	課題
財務の視点	＜知的資産経営の結果として財務的に転換されたもの＞	総資産額、有形固定資産額、資本回転率、従業員一人当たり総資産額（有形固定資産額）、従業員一人当たり利益額、売上高対利益率、総資産利益率、など	＜効率性、収益性、安全性などからみた、財務的な課題は何か＞
顧客の視点	＜どのような知的資産か、どういう内容か、どのような強み・ノウハウなのか、どの程度の強みか＞	顧客満足度、マーケットシェア、顧客数、契約数、クレーム率、顧客喪失率、など	＜知的資産の課題は何か＞
プロセスの視点	〈 〃 〉	従業員一人当たり売上高、従業員一人当たり生産額、従業員一人当たり利益額、売上高対販売管理費比率、売上高対原価比率、売上高増減率（対前年）、利益額増減率（対前年）、生産性増減率（対前年）、など	〈 〃 〉
革新・開発の視点	〈 〃 〉	研究開発費比率、従業員一人当たり研究開発費、教育訓練費（研修費）比率、従業員満足度、顧客当たりマーケティング費用、小集団活動による提案件数、新規開発件数、など	〈 〃 〉
人材の視点	〈 〃 〉	従業員数、教育訓練費（研修費）比率、従業員一人当たり生産性、従業員一人当たり教育訓練費（研修費）、平均勤続年数、経営改善提案件数、従業員の士気、など	〈 〃 〉

①　財務の視点

まず、財務の視点での現状を把握します。指標の結果に基づいて、財務の視点からみて、どのような知的資産の結果なのかを把握し、さらに、どういう内容か、どのような強み・ノウハウがあるのかを検討します。

何が収益性を高めているのか、どのような工夫・知恵で資本回転率が高くなっているのかなどです。それは指標としてどのような形で表れているかです。指標等から知的資産を探っていき、確認していきます。

財務の視点は知的資産が財務的に経営にどのような結果をもたらしているのか。また、知的資産経営の結果、どのような経営成果が上がっているかです。それは、知的資産が十分かどうか、その知的資産が十分に活かされた経営がなされているかなどを表しているといえます。

また、これからの知的資産経営を推進する財務的基盤が十分かを示しています。財務的基盤がしっかりしていれば、研究開発や人材育成などの知的資産経営を強力に進めていけます。

財務の視点の指標がよくない場合は、その原因として何があるのか。知的資産としてどのような現状であり、知的資産としてどのような課題があるのか。これらについて検討し把握する必要があります。

②　顧客の視点の知的資産

顧客の視点では、まず、顧客の支持を得るための活動のうち、どのようなことが知的資産か、どういう内容か、どのような強み・ノウハウなのかです。またその強みは他と比較してどの程度の強みなのかです。

顧客満足度が高い理由、その要因としての自社の知恵・工夫は？ 顧客に満足してもらうために行っていることは何か、マーケットシェアが高いわけは何かなどを、組織全体として意見交換・討議して整理し、組織全体として確認をして、共通認識とします。

以上については、定性的な分析だけではなく、指標に基づいて定量的に、データに基づいて行うことが大事です。

このように定性的かつ定量的に検討して抽出された顧客の視点での知的資産の現状にかかる課題が何かです。

例えば、当該組織の知的資産が「きめ細かいサービスの提供」であってもそれが他と比較して若干高い、直接の競合会社等からみると見劣りがする、最近の生活者の消費行動の変化に十分対応していない、ということが課題として挙げられることが考えられます。

このような現状と課題を整理していくこと、それを踏まえた対応を考えていくことです。

③　プロセスの視点の知的資産

プロセスの視点では、どのような効率的な業務プロセスをしているのか、マニュアル・手順の特長は何か、組織間の業務連携の状況などです。生産現場、サービス提供現場、商品開発現場など様々なビジネスプロセス、業務プロセスにおける強み、ノウハウです。この業務プロセスにおける効率性・有効性の源泉となっている知識・マニュアル・暗黙の知恵・組織に蓄積されたノウハウです。

これについての現状を把握します。それは、従業員一人当たり売上高や利益額に表れてきます。その状況課題は、販売管理費比率や原価比率に表れてくるといえます。また対前年比でみた、売上高・利益額・生産性の増減率でプロセスの視点でみた知的資産が低下しているのか向上しているのかを推測することが可能となります。

これによって当該組織におけるプロセスの視点での課題を的確に把握し、今後の発展につなげていきます。

④　革新・開発の視点の知的資産

知的資産経営を進めていくということは、現在ある知恵・工夫・ノウハウなどの知的資産を活用した経営で発展していくということですが、それだけでは、現状の維持だけでは、今後の発展が継続的に進んでいくわけではありません。継続的存続を目指す組織体（ゴーイング・コンサーン）としては、イノベーションが大変重要です。革新・開発の視点での活動です。

そのため、研究開発の取り組み体制や仕組み、顧客満足のための教育訓練としての特長的な取り組み状況、イノベーションの主体である従業員が仕事に活き活きと革新的に取り組んでもらうための仕掛け・仕組みの状況、顧客に対して継続的に革新的にアッピールしている状況、ブランド構築のためのマーケティングの状況、などを確認します。

イノベーションのための知恵・工夫の状況からみて、課題は何かです。イノベーション＝革新・開発のための知恵・工夫・取り組み・仕組みは十分か、新たに取り組むべき事柄、重点的に実施すべき仕組み・仕掛けなどを把握します。それに基づいて、対応していきます。

⑤　人材の視点の知的資産

財務の視点、顧客の視点、プロセスの視点、革新・開発の視点の諸活動を支えているのが人材です。組織内の従業員が持つ知識・技能・能力・やる気等が、各視点の知的資産をより成果のあるものにするか、その組織における知的資産を詰まらないちっぽけなものにするか、を大きく左右するのです。

この人材の視点の知的資産、つまり、従業員の知識、技術・能力・技能等がどの程度優れているか、生産性が高いか、そのための教育訓練がどのように特長的か、改善のための活動が活発か、などを把握します。

そして、これらについて、今後の発展に向けて取り組むべきものは何かです。従業員のどのような知識、技術・能力・技能等を育成、発展させていくかという点についての課題を把握し、今後の改善に向けて取り組んでいくことが重要です。

３．知的資産経営の発展

知的資産経営をより発展させるために、現状と課題を踏まえて、何にどう取り組むかを検討します。（図表２−３−５）

課題をそのままにしていると、変化する市場環境等に対応できず、売上高、利益額の低下がもたらされ、じり貧になってしまいます。

そのため、把握された現状と課題の解決に取り組まなければなりません。

それぞれの視点ごとに検討します。

財務の視点での現状と課題を把握し、これからの企業発展のための財務的に取り組むことを決定します。それを念頭において、以下の各視点での取り組みを進めることが大事です。

図表２－３－５　知的資産経営発展に向けてのフレームワーク・シート

視　点	知的資産（経営）の現状と課題	これから取り組むべき事柄、目標	目標指標
財務の視点			
顧客の視点			
プロセスの視点			
革新・開発の視点			
人材の視点			

顧客の視点に関して、顧客満足度が低ければ、その要因として、魅力的な商品を提供できる目利き力が弱い、サービス提供までの時間が長いなどがあったとします。

商品の目利き力については、組織として魅力的商品仕入れネットワークが弱いこと、仕入れ担当者個々人の力に頼っていること、魅力的な商品に対する目利きについて担当者同士の検討会や研修が実施されていないことなどが考えられます。

サービス提供までの時間が長いことについては、注文から提供までの手順が人によってバラバラであったり、作業分担が明確化されておらず非効率となっている場合が考えられます。

プロセスの視点において、従業員一人当たり生産性が低く生産工程に課題があると考えられる、生産工程において加工部品の流れに手戻りがある、マーケティングの実行に際して多段階において検討会が行われ時間がかかっている、などが考えられます。

まず、生産現場においては、工程分析、工程経路分析、動作分析などを行ってプロセスを確認し、生産性向上を阻んでいる過程・流れを把握して改善を図ります。

生産工程の手戻りについてはその原因が機械のレイアウトの問題であれば改善します。またそれが現場職員の技能と関連が強ければ多能工化への研修の強化などが必要と考えられます。

マーケティングの実行に関しての検討会については、トップも参加した検討会の開催などにより、スピーディな実行に結び付けます。

革新・開発の視点については、人材が固定化して比較的高齢の従業員が多い、商品の品揃えが固定化している、小集団活動による改善提案が大変少ない、などが挙げられます。

人材の固定化に関しては、人員配置の見直し、定期的な人事異動、研修の実施、計画的な採用計画の策定などの対応が考えられます。

商品の品揃えに関しては、商品（製品）計画において定期的に一定の割合のアイテムを入れ替えることが考えられます。改善提案を増やすために、積極的にＱＣ活動など小集団活動に取り組むとか、トップも参加した改善提案発表・表彰会を開催することが考えられます。

人材の視点においては、販売員の来客対応に問題がある、従業員の士気の低下がみられる、従業員一人当たり生産性が低いことが考えられます。

この場合には、販売員への研修の実施、小集団で従業員同士での販売対応改善計画の実施、従業員評価制度の見直し、従業員の業務量分析と人員配置の見直し、マニュアルの改善などが考えられます。

これらの取組みを進める場合、それぞれに目標指標を定めて取り組むことが、着実な成果に結び付きます。

このように、知的資産の各視点からみて、改善に取り組むことが大変重要です。特に、プロセス、革新・開発、人材の視点について重点的に取り組むことが大事です。これによって会社・組織の持続的な発展に繋がります。

【各経営主体のためのヒント】

＜地域中小企業＞

地域中小企業において、ただ知的資産経営を実践するだけでは、また新たな課題が生じて対応しきれなくなる可能性があります。知的資産経営の実践にとどまっているわけにはいきません。知的資産経営を発展させていくことが、これからの厳しい経営環境に立ち向かっていくためにも大事なことです。

プロセスの視点を重視した取り組みを進めるとともに人材という知的資産を強化していくこと、さらに、それらの基盤の上にイノベーションという観点から革新・開発の視点で知的資産のストックを育成し、さらにフローとして活用していくということが大変重要です。

革新・開発、プロセス、人材について重点的に取り組むことがトップの責務です。トップが先頭に立って、取り組みましょう。

知的資産経営を、不断の経営努力によって、発展させていくことです。

＜NPOなどの非営利的組織＞

非営利的組織においても、ただ、漫然と経営しているわけにはいきません。同様な事業を営む民間企業が参入してくることが考えられます。

そのため、常に地域コミュニティのニーズへの対応に加えて、顧客に新たな価値を提供するために、組織内の革新・開発、プロセス、人材の視点の知的資産のストック、フローの経営を進めていきます。

---

1) 本章におけるスカンディア・ナビゲータ及びそれに基づく知的資産経営推進のフレームワーク等については、山田康裕（2006）「知的資産をめぐる管理会計手法の発展」（彦根論叢（滋賀大学）363号、2006年11月）、古賀智敏（2012）『知的資産の会計　改訂増補版』千倉書房　第17章　等を参考に筆者がまとめました。

第３章　顧客視点の経営

第１節　マーケティング・マネジメント

【課題】

中小企業、小規模事業者においては、収益を上げるためには、まず、売り上げの拡大です。そのためには、新商品・新サービスの開発、新規顧客・販売先の開拓などに取り組んでいきます。

大企業は売上高の増加及び変動費の減少等によって経常利益を増加させているのに対して、中小企業は売上高の減少を変動費や人件費の減少で補って経営上利益を増加させているという大変厳しい状況です。(2016 年版中小企業白書(第１部第２章第２節２))

そのため、中小企業にとっては、売上高の確保・拡大が喫緊の課題です。

早急に取り組むべきことはマーケティングです。マーケティングとは、企業等の組織が、自ら提供する製品やサービスを、顧客に、安定的かつ継続的に受け入れ・支持してもらうための、創造的適応活動です。

具体的には、マーケティングとしてどのような取り組みを進めようとしているのでしょか。中小企業が売り上げ拡大に向けて今後注力したい取り組みとしては、「顧客に対するきめ細やかな対応（ロット、納期、品揃え、アフターサービス等)」「既存製品・サービスの高付加価値化」「営業・販売体制の見直し・強化」「新製品・新サービスの開発」などが挙げられています。(図表 3−1−1)

図表３－１－１　中小企業は売り上げ拡大に向けて様々な取り組みに注力

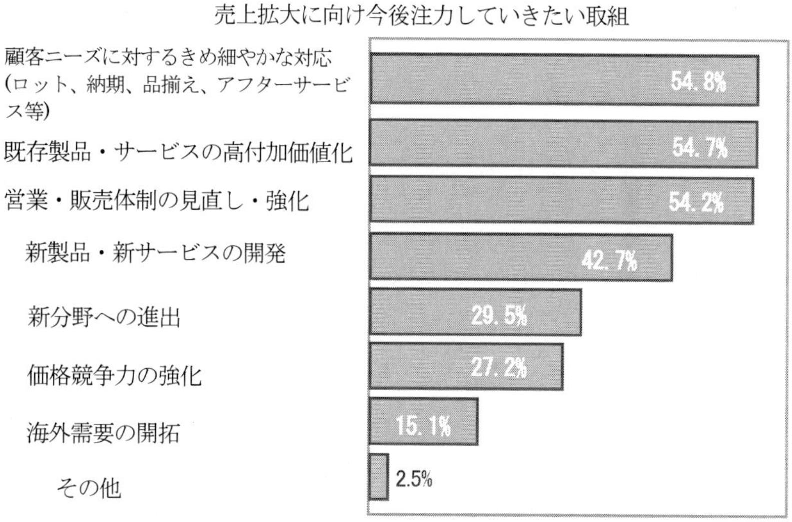

東京商工会議所「中小企業の経営課題に関するアンケート調査結果」（2016年3月）

このように様々な売り上げ拡大のための活動に注力することとされていますが、マーケティング活動は、具体的に効果的に進めるためには、どのように取り組んだらいいのでしょうか。

【課題解決フローチャート】

マーケティングを進めるにあたっては、

①　現状分析

②　製品・サービスの計画

③　マーケティング計画の作成

④　顧客の視点での見直し

⑤　マーケティングの実行と検討

⑥　顧客満足の向上

という手順で進めるのが効果的と考えられます。(図表3−1−2)

図表３－１－２　　マーケティングを進める

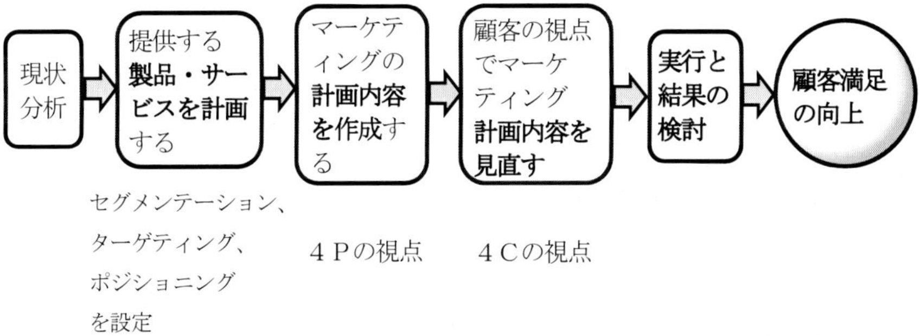

筆者作成

【対応策フレームワーク】

１．現状分析

まず現状分析については、3C 分析、SWOT 分析等により、自社、競合、顧客動向、また自社の強み・弱み、環境状況を把握し、市場シェア拡大か売上高確保か利益増大かという目標を確認します。その目標を達成するために、どのような方向でどのような視点からマーケティングを進めるかを考えます。

2. 製品・サービス計画

製品・サービスの基本的な計画内容を検討します。提供する製品・サービスについての、セグメンテーション、ターゲティング、ポジショニングを設定します。市場の細分化、標的市場の決定、製品・サービスの位置づけです。どのような市場を対象にして、どのような顧客に、どのような位置づけの製品・サービスを提供していくかを設定します。ポジショニングは、提供する製品（商品）・サービスと競合の状況等から考えて、様々な切り口を２つの軸として考え、図表にプロットしてみます（図表 3−1−3)。新しい製品・サービスでなくても既存の製品・サービスについても、セグメンテーション、ターゲティング、ポジショニングについても検討して再確認することも大事です。

図表３－１－３　提供する製品・サービスのポジショニングを考える

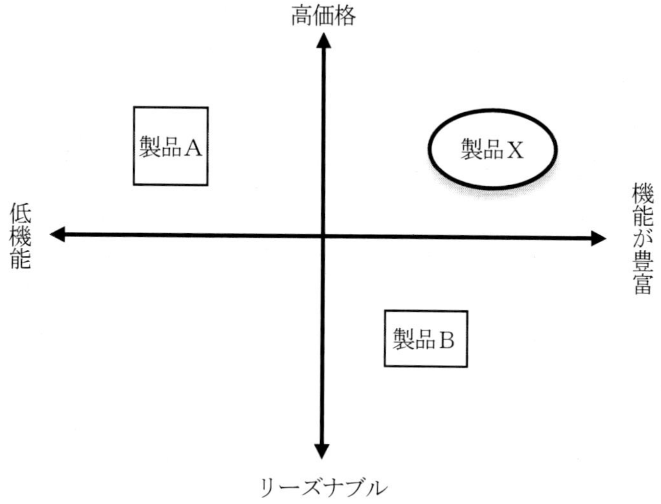

筆者作成

３．マーケティング計画の作成（4Pの視点）

次は、マーケティングの計画内容の策定です。マーケティングの4Pです。(図表3－1－4)

Product－製品・商品、サービスそのものです。製品・商品、サービスの内容であり、その特性です。特性には、基本特性、イメージ特性、付加的特性があります。製品・商品政策です。

Price－価格はその製品・商品やサービスを入手するための対価、価格であり、費用です。価格政策です。

Place－流通は、つまりは流通経路です。流通チャネル政策です。

Promotion－プロモーション、つまりは情報発信、広告宣伝であり、顧客への訴求です。プロモーション政策です。プッシュ戦略、プル戦略があります。

これは、生産者、販売者、サービス提供者の視点から、顧客の支持を得ようとする活動です。先に検討した製品・サービス計画の内容との統一性や整合性などを考えたトータルのマーケティング計画を検討します。この際、4P の視点の検討フレームワークを活用して、関係者による検討を行います。(図表 3−1−5)

図表３−１−４　マーケティングの４P

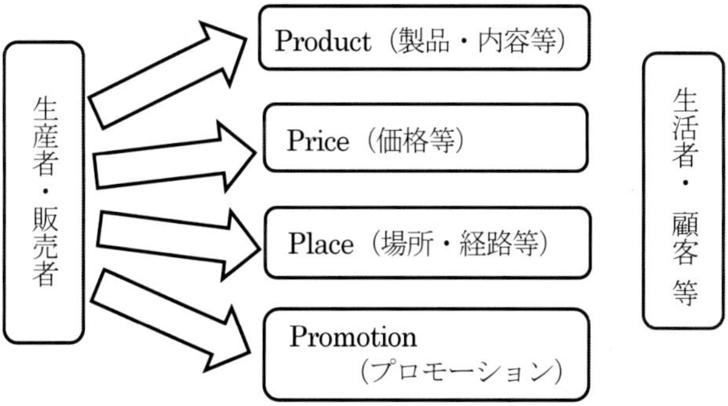

筆者作成

図表３−１−５　マーケティングの４P の視点の検討フレームワーク・シート

マーケティング・ミックス	内　容	左の課題	改善・検討事項または抜本的な見直し事項
Product−製品・商品、サービス			
Price−価格	*計画内容を記入*	*問題点や課題を記入*	*内容や課題からみて、検討すべき事項や方向性、見直し事項など検討して、記入*
Place−流通			
Promotion−プロモーション			

既存の製品・サービスについては、４Ｐの視点で課題、問題点を考えてみます。また、新たに提供する製品やサービスについて売り上げを拡大するためにも、活用します。

さらに、店や企業全体の売り上げ拡大というときに、その店や企業全体についてマーケティングを検討するときに、この4P の視点のフレームワーク（シート）によって行います。

4. 顧客の視点でのマーケティング計画の見直し

次は、4P で検討したことを顧客の視点でマーケティング計画の見直しをします。マーケティングの4C による検討です。

4C は、顧客の視点でとらえたもので、

Customer solution－顧客の課題解決

Cost－顧客のコスト

Convenience－利便性

Communication－コミュニケーション

の４つです。(図表3－1－6)

4P のProduct は顧客からみるとその製品・サービス等によって綺麗に装いたい、美味しいものを食べたいという顧客の課題を解決する機能を果たしています。つまりProduct は**Customer solution（顧客の課題解決）**です。Price は顧客にとっては**Cost（顧客のコスト）**になります。顧客が製品・サービスを購入・利用するに当たってかかるコスト・経費という視点でどうかということを考えていきます。Place は顧客が製品等を受け取るための立地や流通経路ということで顧客にとって便利かどうかということから**Convenience（利便性）**の視点になります。Promotion は販売促進ということから顧客に向けた情報の提供であり顧客との製品等に関する意思疎通の問題であり、顧客との**Communication（コミュニケーション）**の観点といえます。

図表３－１－６　　マーケティングの４C

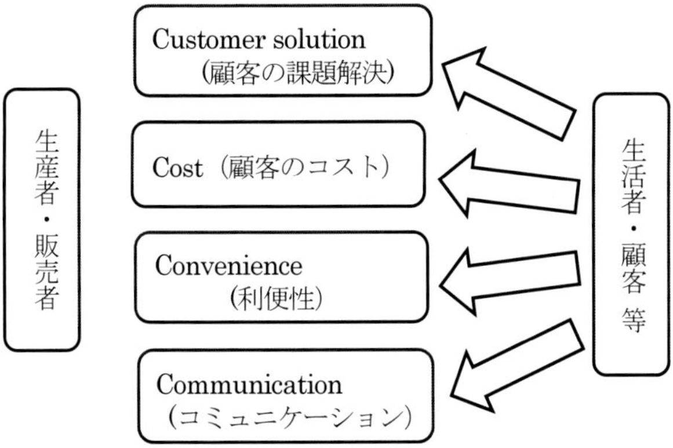

筆者作成

この４C の視点でマーケティング計画内容を検討するため、検討フレームワークを活用します（図表3−1−7)。このフレームワークに基づいて、最終的なマーケティング・ミックスの計画を策定します。

図表３－１－７　マーケティングの４C の視点の検討フレームワーク・シート

マーケティング	内　容	左の課題	改善・検討事項または抜本的な見直し事項
顧客の課題解決 Customer solution	*顧客の視点から、計画内容を記入*	*顧客の視点から、問題点や課題を記入*	*顧客の視点から、内容や課題からみて、検討すべき事項や方向性、見直し事項など検討して、記入*
顧客のコスト Cost			
利便性 Covenience			
コミュニケーション Communication			

5．実行と結果の検討

そのあとは計画に基づく実行です。そして、実行の結果・成果について、データにより計画－結果の差異分析、差異発生の原因の検討を行い、その検討結果を踏まえて修正・見直し計画の実行です。

これらのマーケティング活動により顧客の満足の向上を目指します。顧客満足はアンケート調査結果やリピータの数、顧客名簿の顧客数などの推移の状況から推定します。

マーケティング活動を実践していく中で、自社のマーケティング力に課題があると考えられる場合は、その改善を検討します。

マーケティング活動のPDCAのCAを行うという、マーケティングの実践の検討改善を進めます。マーケティングの具体的活動（内容）ごとに、現状と課題、およびそれに対応した改善アクションについて検討し、マーケティング改善のアクションをおこします。（図表3－1－8）

図表３－１－８　マーケティング力　検討改善フレームワーク・シート

要　素	活動（内容）	活動の現状	課　題	改善アクション
Customer Solution（顧客の課題解決） Product（製品）	満足度・価値度の把握・検討（商品別等）			
	売上実績、マーケットシェア			
	顧客ニーズの把握			
	顧客の不満・要望の商品改善・開発等へのフィードバック			
	新商品開発の実績・体制等			
	顧客の何の解決			
	どのようなコトの提供			
	提供される体験・（小さな）感動			
	他（製品）との違い			

要　素	活動（内容）	活動の現状	課　題	改善 アクション
Cost（顧客にとっての経費） Price（価格）	価格（及び当該商品等を取得するためにかかる経費）			
	値ごろ感（満足度、価値度）			
	顧客受領価値との比較での価格			
	他の類似製品・競合品との比較			
	コストと価格とのバランス			
	価格決定の方針・やり方			
Convenience（利便性） Place（流通）	商品の入手先（先数、立地、面的展開など）と入手にかかる経費			
	直販・卸売り・仲介業者・配送業者等の方針と体系			
	商圏（販売領域）の考え方・方針			
	返品など利便性に関する方針と体系			
	在庫の方針（自社、中間、末端）			
Communication（顧客とのコミュニケーション）	自社の良さ・魅力・提供する顧客価値などの伝達と顧客満足度・価値度 顧客ニーズの把握			
	顧客の不満・要望に対する企業活動、商品改善・開発等へのフィードバック			
Promotion（販促）	広告宣伝の方針、考え方、実績、経費と効果 営業部門の体制			
	営業部門の実績（営業担当社員一人当たり売上高など）			

6．顧客満足の向上

マーケティングの改善アクション等を通じて、マーケティング・ミックスの実際を効果があるものにしていきます。これらマーケティング活動により顧客満足の向上を目指します。

【各経営主体のためのヒント】

＜地域中小企業＞

マーケティングは、企業経営においては基本的なことです。それをマーケティングの4Pや4Cの視点から計画し、実行し、成果を検討して、さらなる改善されたマーケティング・ミックスによって、顧客満足の向上を目指す活動を、継続的に行います。

図表3-1-1でみた中小企業の売り上げ拡大に向けた取り組みの実際を、マーケティングの4Pや4Cの観点での実施割合としてみてみると（図表3−1−9)、4Pや4Cの各事項について取り組むこととしており、全体的なマーケティングに取り組む＝マーケティング・ミックスに取り組むという経営活動を目指しておられます。

ただ、このマーケティング・ミックスの実施においては、効果が上がるようにしなければなりません。そのためには、PDCA のCA の部分を重視したマーケティングのマネジメントの実施が重要です。実行と結果の検討とその検討結果のマーケティング・ミックスへの反映実施です。

そして、これらのマーケティング・マネジメントというマーケティングにかかるPDCAの継続的な取り組みが、組織における（マーケティングにかかる）知の集積、知の蓄積とつながっていき、それが企業のコンピタンスとして育成・発展されていくことが求められています。

図表３－１－９　中小企業は4P、4Cの全体的なマーケティングに取り組む

－マーケティングの視点からみた、売り上げ拡大に向けた取り組み

売上拡大に向けて今後注力していきたい取り組み	回答割合（%）	マーケティングの4P	顧客視点のマーケティングの4C
顧客に対するきめ細やかな対応（ロット、納期、品揃え、アフターサービス等）	54.8	Product－製品・商品、サービス	顧客の課題解決 Customer solution 利便性Convenience
既存製品・サービスの高付加価値化	54.7	Product－製品・商品、サービス	顧客の課題解決 Customer solution
営業・販売体制の見直し・強化	54.2	Place-流通 Promotion－プロモーション	利便性Convenience コミュニケーション Communication
新製品・新サービスの開発	42.7	Product－製品・商品、サービス	顧客の課題解決 Customer solution
新分野への進出	29.5	Product－製品・商品、サービス	顧客の課題解決 Customer solution
価格競争力の強化	27.2	Price-価格	顧客のコストCost
海外需要の開拓	15.1	Product－製品・商品、サービス Place-流通	顧客の課題解決 Customer solution 利便性Convenience

<NPOなどの非営利的組織>

マーケティングは、うまく売り込んで儲けるために行われるというものではありません。提供しているサービス、モノの良さを生活者に理解してもらう活動であり、生活者の楽しい、美味しい、助かるという課題解決つながるという視点で、生活者に喜ばれるサービスやモノを提供するための様々な経営活動がマーケティングです。その意味において、非営利的組織にとってもマーケティング活動は大事です。

地域特産物を買われる生活者、福祉サービスを利用されている高齢者などに対して、喜んでもらうためにはどうすればいいかを考えて実行するのがマーケティングです。そのような視点で、マーケティングを活用して、継続的な非営利的組織の活動を進めることが大事です。

第2節　感動による顧客ロイヤリティの向上

【課題】

マーケティング・ミックスに取り組んでも、実際はなかなか差別化が難しいのが現状です。

「製品はよくできていると思うが期待したほど売れない。」

「お客さんから「よかった」「また買いたい」の声が少ない。」

これらにどう対応していくかということです。

企業の技術水準が同一化して、製品サービスの差異化が困難となっています。よく似た品質の製品等があふれる状況つまりコモディティ化の状況下において、何らかの形で差別化を図っていかなければなりません。1)

そのため新たな戦略が求められています。

コモディティ化対応の価値戦略としては、経験価値戦略、品質価値戦略、カテゴリー価値戦略、独自価値戦略があります。(図表3−2−1)

経験価値戦略は製品・サービスの経験による価値（感覚、物語、歴史、驚きなど）を創造する戦略です。品質価値戦略は品質的に優れていることによる価値を創造する戦略です。カテゴリー戦略はサブカテゴリーにおけるベネフィット・価値を創造する戦略です。独自価値戦略は画期的な新製品を新領域に投入することにより価値を創造する戦略です。

どのように価値を創造していけばいいのか、どのようにすれば価値を感じてもらうことができるのでしょうか。

図表３－２－１　　コモディティ化への対応戦略

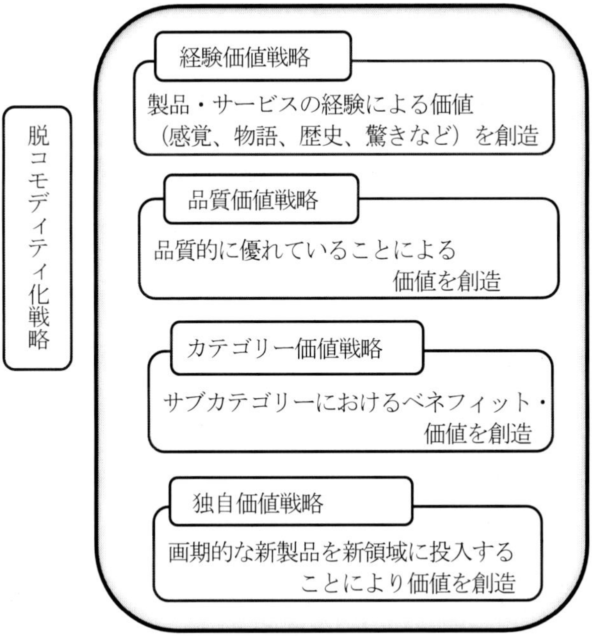

恩蔵直人「コモディティ化市場における市場参入戦略の枠組み」
『組織科学』Vol.39 No.3(2006):pp.19-26をもとに筆者作成

【課題解決フローチャート】

人々は、期待する要望、ニーズが満たされると満足します。

人々は、体験や経験を経ることによって、美味しい、素晴らしい、癒される、などの感動をし、より価値を感じていくことによって、生活を楽しみ、買い物や旅行をしています。

満足を超えて、経験による価値によって顧客の獲得にアプローチすることが大事です。(図表3－2－2)

図表３－２－２　（小さな）感動を感じてもらい、顧客ロイヤリティを高める

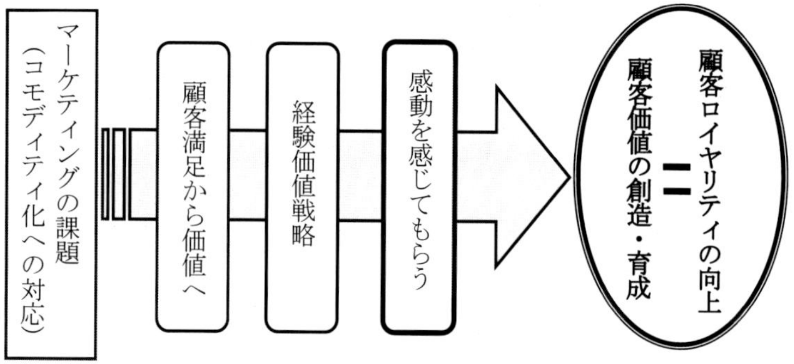

筆者作成

需要に対応した、製品に関する基本的な機能・特性に関して、使ったり消費したりした時に満足を感じます。満足度は期待への対応といえます。期待した水準を満たせば満足を感じます。しかし、満足したから顧客ロイヤリティが大きく高まり、継続的な購入に繋がったり、また来たいということに確実に繋がったりするものではありません。満足を得るためには、期待を下回らないように、顧客が不満足な面を解消するよう活動することです。それによって顧客満足は向上します。顧客満足はあるが、顧客の次の継続的な購買・行動に結びつくためには何が必要になってくるのでしょうか。（図表 3−2−3）

図表３－２－３　　顧客満足から顧客価値へ

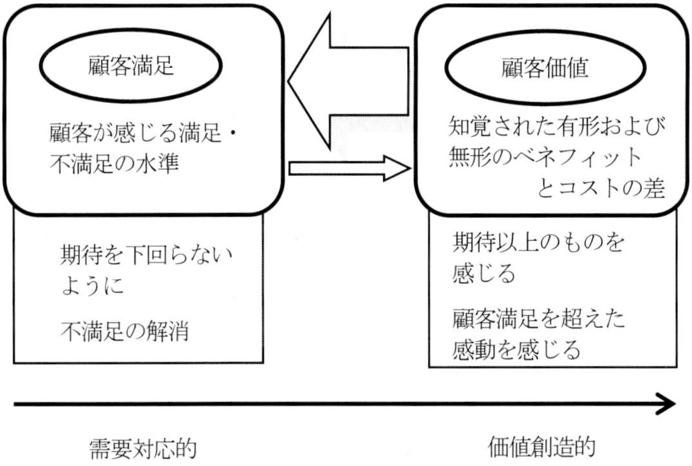

海野進（2014）『人口減少時代の地域経営－みんなで進める「地域の経営学」実践講座』（同友館）第11講より

それは、価値を感じること、価値を見出すこと、価値を受領することです。価値は、期待以上のものを提供した時など顧客満足を超えた顧客価値を提供することによってもたらされます。自慢したくなる、羨ましいと思われることです。そのような状態・感覚をもってもらうような、製品・サービスの提供をすることです。それは、製品に関する基本的な価値及び付帯的情緒的な価値の全体です。便益（ベネフィット）の束です。[2)]

顧客価値とは、顧客が得るもの全て（製品機能に代表されるベネフィット）と顧客が失うものすべて（価格に代表されるコスト）の比や差で説明されます。

この顧客価値を創造して、顧客に受領してもらうことです。

それは、経験することによって得られる価値、つまり経験価値を創造して、提供していくことです。この顧客価値においては、経験によって得られる感動が基本です。(小さな)感動を生活者が感じることによって、経験価値が生まれ、それが顧客価値につながっていきます。

【対応策フレームワーク】

（1）経験価値とは

コモディティ化への対応戦略＝価値戦略の４つの価値のうち経験価値は、過去に起こった個人の経験や体験のことを指すのではなく、顧客が企業やブランドとの接点において、実際に肌で何かを感じたり、感動したりすることにより、顧客の感性や感覚に訴える価値とされています。つまり、製品・サービスに焦点を合わせるのではなく、感覚や感情を通した顧客の「経験」に焦点を当てたマーケティング概念です。[3)]

そして経験価値は、「感覚的経験価値（SENSE）」「情緒的経験価値（FEEL）」「創造的・認知的経験価値（THINK）」「肉体的経験価値とライフスタイル全般（ACT）」「準拠集団や文化との関連づけ（RELATE）」の５つに分類できます（図表３−２−４)。[4)]

「感覚的経験価値（SENSE）」は、顧客の五感により直接的に訴えかけることにより、感覚的に生み出される経験価値です。食べて美味しい、新鮮な味、美味しい空気などが顧客に対する価値として受領されます。

「情緒的経験価値（FEEL）」は、顧客の内側にあるフィーリングや感情に訴えかけることにより、情緒的に生み出される経験価値です。手づくり感がたまらない、自然を大事にしているなー、という価値を感じます。

「創造的・認知的経験価値（THINK）」は、顧客の創造力を引き出す認知的・問題解決的な経験を通して顧客の知性に訴求する経験価値です。経験することにより、創造的、知的、課題解決にかかる、見出された・意義のある価値と考えられます。この安全・安心なものを自分でも作ってみたい、自然保護に少しでも貢献できる、環境にやさしいことができるなどの価値を見出します。

「肉体的経験価値とライフスタイル全般（ACT）」は、肉体的な経験価値、ライフスタイル、そして他人との相互作用に訴える経験価値です。自ら体を使って経験することによって発見し・体感する価値です。体験教室で自らウィンナーを作る、食べて美味しい、

図表３－２－４　　様々な経験価値を感じてもらうように対応する

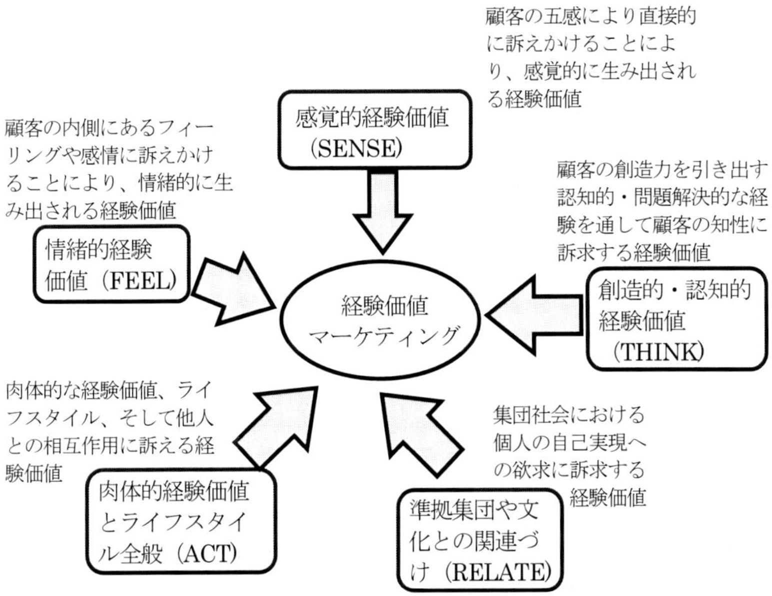

新鮮な味、美味しい空気などが価値として認識されます。

「準拠集団や文化との関連づけ（RELATE）」は、集団社会における個人の自己実現への欲求に訴求する経験価値です。集団と関係性の中での経験から得られる、個人の生きがい等にかかる価値と考えられます。会員制度、会員としてのボランティア参加による支援、会員限定の体験教室の開催、まちゼミなどの定期的な学習会の実施、などが、関連性のある価値として顧客が受領すると考えられます。

（２）経験価値による検討

これを具体的に、自社の扱っている製品・サービスに当てはめて検討してみましょう。

図表３－２－５　　自社の製品、サービスの経験価値は何か

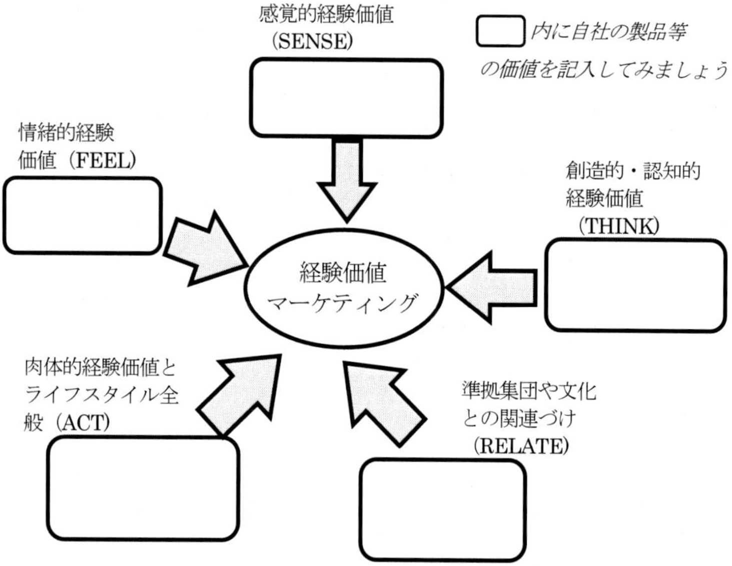

自社の経営活動、マーケティング活動の中において、この５つの経験価値が提供されているかを検討してみます。（図表3－2－5）

生活者がサービス・製品を利用したり使ってみたりしたときに感動を感じると、生活者は顧客に変わります。その感動は大げさな（やった一、わーい）ものでなくても、小さな・ささいな（癒される、よい、心にしみる）感動でもよいのです。何等かの感動を感じてもらえることが、顧客にとっての価値となり、生活者は顧客価値を受領して、その生活者は製品・サービスのファンになり、リピータになるのです。

（３）感動を感じてもらう

そのため、マーケティングの実践にあたっては、感動を感じてもらうということを考えて、マーケティング・ミックスを実施していくということが大変重要となります。

感動を感じてもらうということは、感動語を発してもらう、感動語を心の中で発してもらうということです。

マーケティングに活用できる感動語については、６つに分けることができます（図表3−2−6）。

図表３−２−６　マーケティングに活用したい感動語

分 類	代表的な感動語	感 動 語
充溢	胸がいっぱいになる	胸がいっぱいになる、愛、よい、涙、言葉にできない、思わず涙、ああ
享受	心が温まる 心にしみる	心が温まる、癒される、安らぎ、ありがとう、幸せ、安堵、なんかよい、癒される
		心にしみる、感涙、たそがれ、さみしい、ジーンとする、切なくなった、感じ入る
魅了	心を奪われる 胸を打つ	心を奪われる、きれい、雄大、思わず無言、すばらしい、あこがれ
		胸を打つ、心が熱くなる、こみあげる、感銘、胸がキュンとなる、感極まる、グッとくる
興奮	興奮する	興奮する、うわぁ、気持ちが高鳴る、人に言いたくなる、すごい、おー、わぁ
歓喜	歓喜する 心が躍る	心が躍る、おいしい、共感、わーい、満足、ワクワクする、そう快
		歓喜する、うれしい、ヤッター、やっとの思い、達成、認められる
覚醒	心をわしづかみにする 目が覚める	心をわしづかみにする、ドキドキする、震える、鳥肌が立つ、迫力がある、いけい、臨場感がある
		目が覚める、意外、スピードがある、大きい、聴いたことがない、衝撃を受ける、ぼう然

※大出訓史・今井篤・安藤彰男・谷口高士「音楽聴取における「感動」の評価要因〜感動の種類と音楽の感情価の関係〜（NHK 技研 R&D/No. 126、2011 年３月）１図より。

※顧客にプラスの感動を与える感動語という観点から、感動語分類のうち「悲痛」を示す言葉を除いた。

それは、

「胸がいっぱいになる（充溢）」

「心が温まる（享受）」

「心を奪われる（魅了）」

「興奮する（興奮）」

「歓喜する（歓喜）」

「心をわしづかみにする（覚醒）」

です。このような言葉を感じてらうこと、それは大きな感動ではなくても、じっくりと小さな感動でもいいのです。それが次の購買行動に繋がっていきます。

これらの感動語は、能動的なものもあり、また受動的に受容する感動もあります（図表3−2−7)。これらの感動を念頭において、マーケティング・ミックスの戦略検討の時に活用していくことが効果的です。

（4）感動語による具体的検討シート

マーケティングの具体の検討にあたっては、感動語による検討フレームワーク・シートを活用しましょう（図表3−2−8)。具体的な計画内容について、計画内容を実施した場合どのような感動語が発せられるかを検討します。また逆に、感動を感じてもらうためには、どのような計画にすればよいかを検討します。感動語を基に、その感動を発してもらう、感じてもらうためには、どのような計画内容にすればよいかを、このフレームワーク・シートを基に関係者が、侃侃諤諤と意見交換をします。意見交換をおえた後、感動を感じてもらう計画内容のたたき台を決めていきます。それを具体的に、マーケティングの4Pや4Cの視点で、詳細な内容、やり方を検討していきましょう。ともかく、マーケティング・ミックスとしてトータルで考えて実行していくことです。

図表３－２－７　感動を表す言葉－代表的なもの（イメージ）

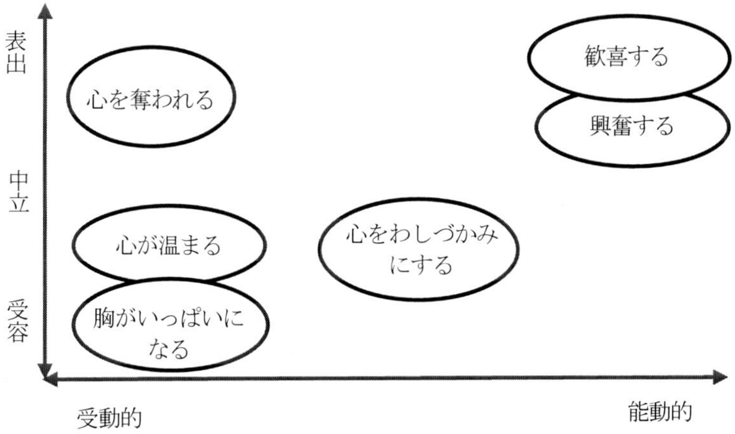

大出訓史・今井篤他「音楽聴取における「感動」の評価要因」（NHK 技研『R&D』（No.126/2011.3））、大出訓史・今井篤他「語彙間の主観的な類似度による感動語の分類」（『自然言語処理』Vol.14 No.3（Apr.2007））をヒントに筆者作成

図表３－２－８　感動語による検討フレームワーク・シート

具体的な計画内容			
代表的な感動語	感動語	計画内容のチェック 計画内容から左の感動語は発せられるか。どのような感動語が該当するか。	感動を与えるには、どような計画内容にすばいいか。（感動語か考える）
胸がいっぱいになる（充溢）	胸がいっぱいになる、愛、よい、涙、言葉にできない、思わず涙、ああ		
心が温まる 心にしみる （享受）	心が温まる、癒される、安らぎ、ありがとう、幸せ、安堵、なんかよい、癒される		
	心にしみる、感涙、たそがれ、さみしい、ジーンとする、切なくなった、感じ入る		
心を奪われる 胸を打つ （魅了）	心を奪われる、きれい、雄大、思わず無言、すばらしい、あこがれ		
	胸を打つ、心が熱くなる、こみあげる、感銘、胸がキュンとなる、感極まる、グッとくる		
興奮する（興奮）	興奮する、うわぁ、気持ちが高鳴る、人に言いたくなる、すごい、おー、わぁ		
歓喜する 心が躍る （歓喜）	心が躍る、おいしい、共感、わーい、満足、ワクワクする、そう快		
	歓喜する、うれしい、ヤッター、やっとの思い、達成、認められる		
心をわしづかみにする 目が覚める （覚醒）	心をわしづかみにする、ドキドキする、震える、鳥肌が立つ、迫力がある、いけい、臨場感がある		
	目が覚める、意外、スピードがある、大きい、聴いたことがない、衝撃を受ける、ぼう然		

※大出訓史・今井篤・安藤彰男・谷口高士「音楽聴取における「感動」の評価要因～感動の種類と音楽の感情価の関係～（NHK 技研 R&D/No. 126、2011 年 3 月）1 図を基に筆者作成。

※顧客にプラスの感動を与える感動語という観点から、感動語分類のうち「悲痛」を示す言葉を除いた。

（5）顧客価値の創造から顧客ロイヤリティへ

感動を感じてもらい、経験価値を受領してもらう。それによって、顧客価値の創造がなされることになります。この顧客価値の創造・育成が、顧客ロイヤリティの向上に繋がります。

（6）顧客満足・価値の発展

顧客満足、顧客価値については、その結果を検討し、アンケート調査などによる要因分析等をもとに、改善された新たな対応を行うことなどによって、さらに発展させていくことを進めたいものです。(図表３−２−９)

顧客満足はニーズへの充足から生まれます。そして、経験に基づいて感動を感じることによって価値を感じます。

図表３－２－９　　顧客満足・価値の発展

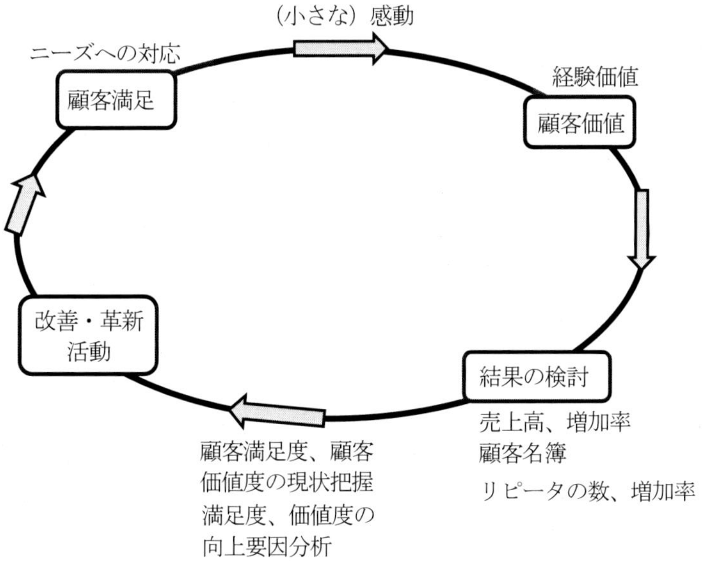

筆者作成

顕在化している既存の顧客のニーズに対応して顧客満足が得られます。新しい顧客、顕在化していないニーズに対応した製品やサービスを提供すれば、生活者は感動して顧客価値を感じます。顧客価値の創造です（図表 3−2−10）。

例えば馬車の時代に自動車を新しく作って市場へ出せば新たな感動を生みます。コカ・コーラを初めて売り出せば、あの独特の味に人は感動します。そこに顧客価値が生まれ、売上高が飛躍的に拡大します。

図表３－２－１０　顕在化していないニーズ、新しい顧客

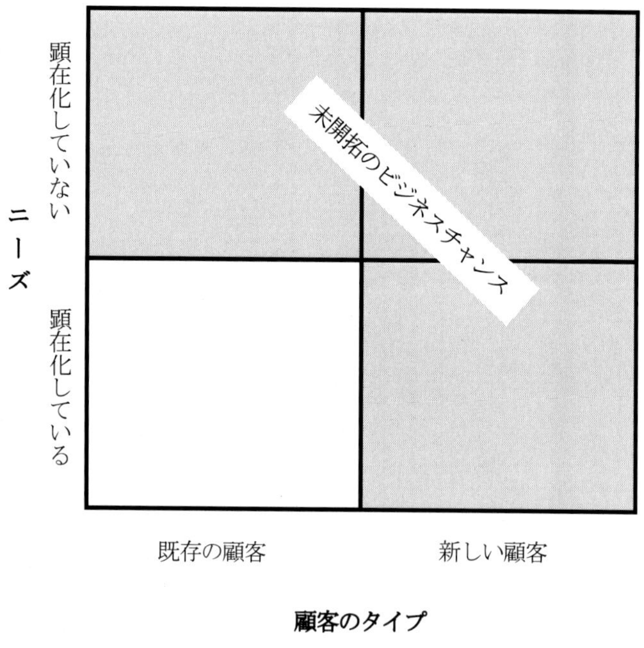

ハメル・プラハラード『コア・コンピタンス経営』2001 年（1995 年）、日本経済新聞社文庫版、p.166　参照

顧客満足、顧客価値の創造、提供によって企業は売上高の拡大を目指します。その結果は、売上高、売上高増加率に現れます。顧客名簿の登載者が増えます。リピータの数およびその増加率に現れます。このような結果を分析します。新しい製品サービスによってどれだけ増えたのか。広告宣伝など企業のプロモーションによってどれだけ増えたのか。どういう客層がその製品・サービスの主要な顧客なのか。年代別の構成比はどうか。様々な観点から分析、検討します。今後の改善に向けて。

さらに、顧客満足度、顧客価値度の現状について把握します。顧客アンケート、来店客アンケートの実施です。

例えば飲食店においては、顧客満足度については、アンケート調査の用紙の中に、「本日の来店、ご満足いただけましたでしょうか」という問いと、「５．満足」「４．ほぼ満足」「３．普通」「２．やや不満」「１．不満」という回答を用意します。

顧客価値度については、「またご来店いただけますでしょうか」という問いと、「５．また来たい」「４．たまには」「３．来るかも」「２．来ないかも」「１．もう来ない」という回答を用意します。

これらについて、５点、４点、３点、２点、１点、として集計して、各店別、時系列にみてみます。

さらに、飲食店の重要な要素である、味、ボリューム、料理の待ち時間、店の雰囲気、価格、係りの者の態度などについて、「５．優良」「4. 良い」「3. 普通」「２．やや悪い」「1. 悪い」という点数で評価してもらいます。これによって、重要な要素のどれが評判が良くてどれが評判が悪いかがわかります。

これらのアンケートを参考に、自社のそれぞれの製品・サービスに応じて内容を変更してアンケートを実施します。

まず、顧客満足度と顧客価値度との関係（相関）をみてみます。満足度が高くても、価値度につながっていないと、需要充足的ではあるものの（小さな）感動を感じてもらっておらず、特長に基づく価値の提供が十分アッピールできていない可能性があります。

具体的にどのような課題があるかを検討し、革新的な価値戦略に取り組むことが喫緊の課題となります。

顧客満足度、顧客価値度の重要な要素の相関分析をすれば、どれが顧客満足度を下げているか、どの要素を改善すれば顧客満足度、顧客価値度が高くなる可能性が高いかわかります。その要因分析に基づいて改善・革新活動を進めます。その改善・革新活動が効果があったかどうかをさらに分析検討して、より効果がある改善・革新活動を進めます。(図表3−2−11、3−2−12)

これらの活動を継続的に実施して、顧客満足、顧客価値の発展を図ります。

図表3−2−11　顧客満足度と個別要素の満足度との相関分析(例)

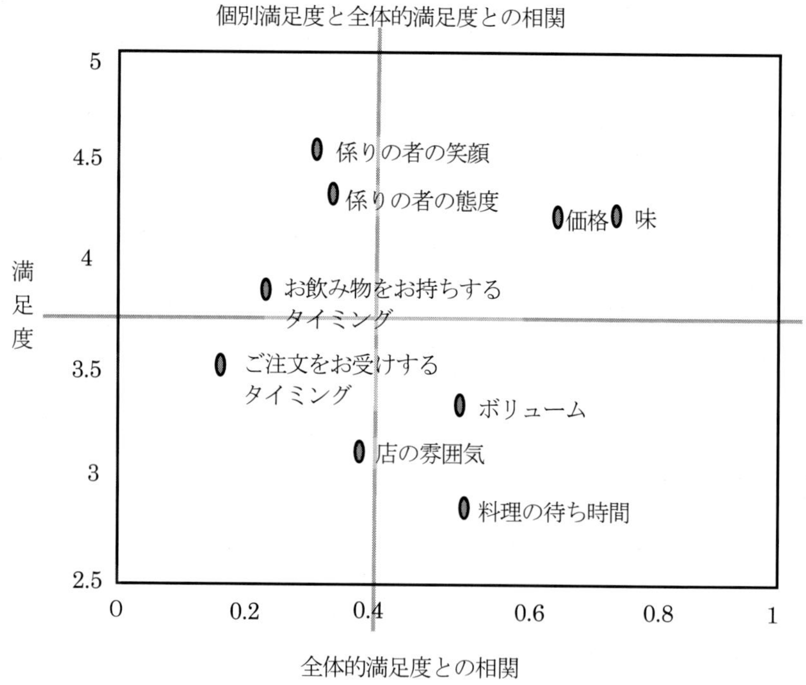

筆者作成

【各経営主体のためのヒント】

＜地域中小企業＞

経験価値、感動による顧客ロイヤリティの向上を目指す活動は、地域中小企業、小規模事業者においては是非に取り組んでもらいたい事項です。

そのためには、基本的には品質価値戦略が基礎にあるべきです。品質価値に裏打ちされた製品、サービスを使うこと利用することによって、経験価値が真価を発揮するといえます。品質が悪いと経験価値はすぐに消滅することになるでしょう。

品質価値戦略においては、当該組織における技術、ノウハウを育成、発展させることです。それには、人材であり、研究開発です。そのようなコア・コンピタンスを育成、

図表３－２－１２　顧客価値度と個別要素の満足度との相関分析（例）

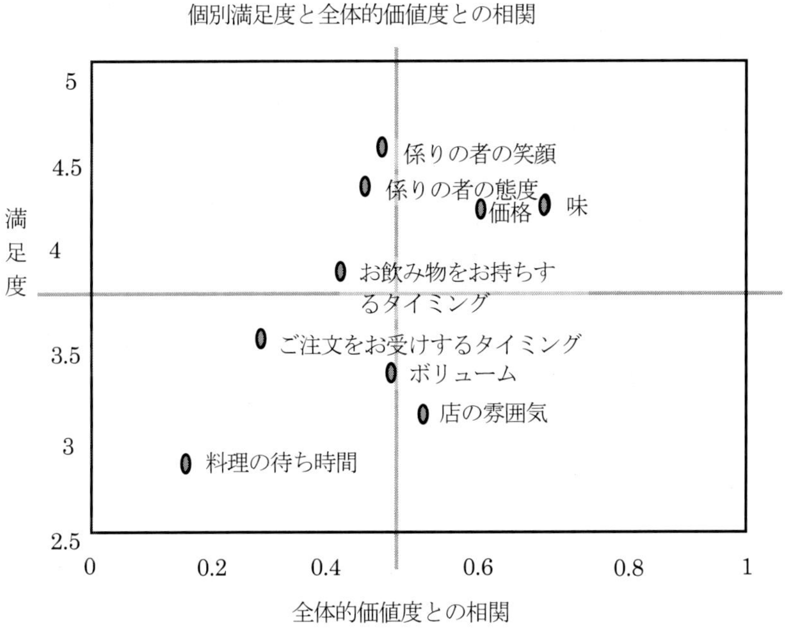

筆者作成

発展させていくという継続的な企業の力です。

そのうえで、感動を感じてもらえるように、地道な努力を継続していくことが大事です。この努力の積み重ねが企業のマーケティング力の蓄積につながっていきます。

<NPOなどの非営利的組織>

非営利的組織においても、日頃から利用者に喜んでもらうこと、ワクワクしてもらうことなどの活動をしておられます。そのような活動が評価されて、組織として継続的な活動をして、存続してきています。

この感動、経験価値というアプローチによって充実した経営活動を行うことによって、今まで以上に、利用者、生活者、地域や地域の関係者の理解、協力が得られることに繋がります。

非営利的組織においても、充実した活動を行うためには、基盤となる強み、ノウハウが重要であり、内部の業務改善検討会、業務改善に向けた計画的な研修などの継続的な実施により、組織としての力、強みの基盤を高めていくことが重要です。

非営利的組織においても、経験価値のフレームワークなどを使って、自組織の活動を振り返り、それを今後の経営活動に繋げていきましょう。

---

1) 恩蔵直人 (2006)「コモディティ化市場における市場参入戦略の枠組み」『組織科学』Vol. 39 No. 3(2006):pp. 19-26。

2) 顧客満足、顧客価値に関しては、石井淳蔵・栗木契他 (2004)『ゼミナール　マーケティング入門』日本経済新聞社, p. 209、コトラー. P・ケラー. K (2008)『コトラー&ケラーのマーケティング・マネジメント 基本編(第3版)』ピアソン桐原, p. 19, pp. 80-82、山下隆弘 (1994)「マーケティングの新動向]岡山大学経済学会雑誌 25(4), 1994, pp. 27−47、石井淳蔵(日本マーケティング学会会長、流通科学大学学長)) 2012.8.10、日本マーケティング学会 facebook(http://www.facebook.com/home.php#!/japan.marketing.academy) より(2012.12.4日閲覧)、(恩藏直人(早稲田大学商学学術院長兼商学部長 教授)) 2012.11.16、日本マーケティング学会 facebook(http://www.facebook.com/home.php#!/japan.marketing.academy) より (2012.11.16日閲覧)、海野進(2012)「地域経営における成果指標としての地域顧客満足度, 地域顧客価値度に関する一考察」, 日本経営診断学会論集, Vol. 11, pp. 131-137. 2012年、恩蔵直人(2004)『マーケティング』日本経済新聞出版社, P. 94、などを参考にしました。

3) 長沢伸也編 (2005)『ヒットを生む経験価値創造－完成を揺さぶるものづくり－』日科技連出版

社、P. 28。
4) 経験価値の内容等については、長沢伸也編（2005）『ヒットを生む経験価値創造－完成を揺さぶるものづくり－』日科技連出版社、シュミット（2000）『経験価値マーケティング』ダイヤモンド社などを参考にしました。

第3節　顧客にアッピールする新商品開発

【課題】

中小企業においては、新しい販路を開拓していくための新商品の開発は、将来的な発展を目指し経営の革新を進めるためにも、大変重要なことです。過去3年間における新商品・新サービスの開発・提供の状況をみると、製造業や卸売業では70%超の企業が新商品・新サービスの開発を行っており、厳しい経営環境への対応に取り組んでいることがわかります。(図表3−3−1)

また、全ての業種において、新商品・新サービスの開発・提供を行った企業の方が、経常利益は増益傾向にあり、新商品・新サービスを提供していくことで、変化する顧客のニーズに応えることができ、収益性も向上していくと考えられます。(図表3−3−2)

図表3−3−1　70%超の企業が新商品・新サービスの開発を行っている

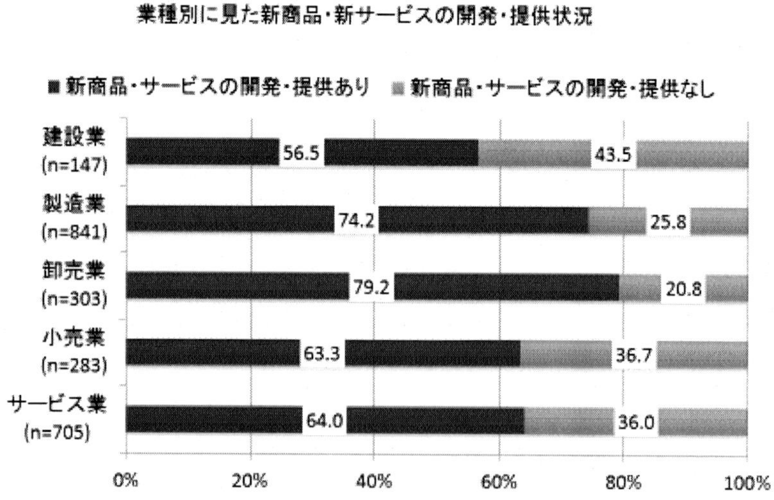

中小企業庁「2015年版中小企業白書」

図表3－3－2　新商品・新サービスの開発・提供を行った企業は、経常利益は増益傾向
業種別、新商品開発の取組状況別に見た経常利益の傾向

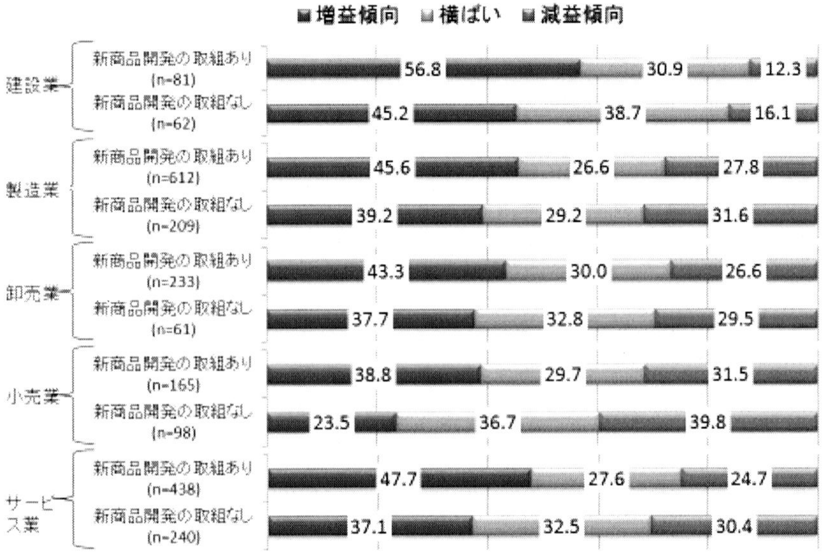

中小企業庁「2015年版中小企業白書」

このように、新商品（製品）・新サービスの開発・提供は大変効果が期待できるものですが、実際は、開発に取り掛かると、

試作品を作る段階での問題・課題としては、

美味しいものができない

主要取引先が期待しているものができない

加工技術の制限から魅力的な商品にならない

原料の安定的な仕入れが難しい

などが発生します。

また、**新商品等の試作品が完成して販売を始めた段階での問題・課題**としては、

思ったように売れない

お客さんから価格が高いと言われる

流通コストが低廉な安定的な販売ルートが見つからない

類似商品との差別化ができない

などが発生します。

このように、実際は、なかなか新商品等の開発は簡単ではありません。

どのように取り組んでいくのが効果的かです。

【課題解決フローチャート】

新商品等の開発に当たっては、まず、市場の動向という外部環境と自社の社内技術等（技術力、企画力、製作力、ノウハウ、知恵など）という内部環境の確認です。

それを踏まえて、新商品等のコンセプトを決めます。経験することによる価値、顧客に感動を与えることができるかという顧客の視点、コト・マーケティングの視点などいくつかの視点で検討し、課題を見つけて、顧客の支持が得られる新商品を目指します。それから具体的な試作開発に入ります。(図表3－3－3)

試作開発に当たっては、経験することによる価値、顧客が感動を感じることができる新商品等を目指します。また、商品を生産したりサービスを提供したりする企業の視点（満足できる内容に仕上げる技術力があるか、コスト的に可能か、企業のネットワーク力等から言って原材料の安定的な仕入れが可能かなど）からそれは満足できるものか、ということも大変重要です。

この企業の視点と顧客の視点の間の満足ということでの相互に試行錯誤、葛藤が生まれることとなります。これらを支えるのが、ベースとしての知的資産、つまり、ノウハウ、課題解決能力、研究開発力などです。

これらの企業の総合力によって、新商品を開発します。

図表３－３－３　　新商品等の開発に向けて

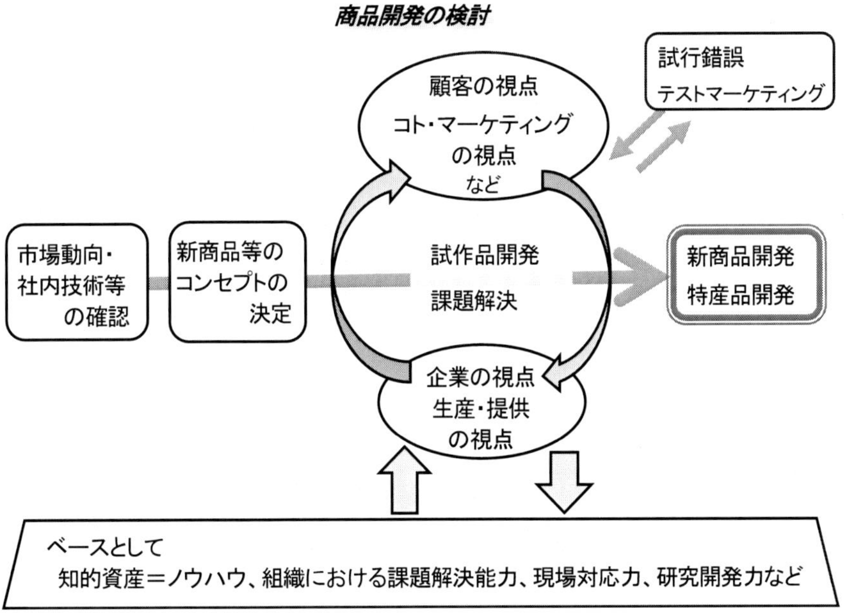

筆者作成

【対応策フレームワーク】

（１）生産者・提供者の視点

新商品等開発に当たっての、マーケティングに当たっての企業の視点は、マーケティングの４P です。

マーケティングの４P は生産者・販売者・サービス提供者サイドからみた、顧客に買ってもらうための視点です。この視点から、製品はどのような良さを持っているのか、品質、機能はどうかなどをもとに、顧客に訴えることになります。次に価格は適切かどうか、また製品・サービスを提供するために効果的な流通ルートによって行われるか、また広告・宣伝は有効かということ、これら４P に基づいてマーケティングを実施します。

売れるための様々な活動をします。この視点から開発検討をします。

（2）顧客の視点

ア．マーケティングの４Ｃ

これを顧客の視点からみたのがマーケティングの4Cです（図表3−3−4)。つまり製品・サービスの提供ということは、美味しいものを食べる、機能的な椅子に座ってくつろぐ、という顧客の課題を解決し満足を与えるということです。価格は、その製品・サービスを得るためのコストになります。購入の場所ということは、いかに顧客に購入に当たって利便性を与えるかという視点でマーケティングを考えるということです。広告宣伝は、情報提供などによって顧客とコミュニケーションを図るということです。

このように顧客の視点からみるマーケティングが4Cです。この視点から開発検討をします。

図表３−３−４　マーケティングの4C

マーケティングの4C	内　容
顧客の課題解決 (Customer solution)	美味しい。満足する。価値を感じる。
顧客のコスト (Cost)	顧客が購入する際に支払う製品・サービスの価格。製品・サービスを受領するのにかかる経費。
利便性 (Convenience)	顧客の購入時の利便性。
コミュニケーション (Communication)	顧客へのコミュニケーション。

そして、この生産・販売の4Pの視点からのマーケティングと顧客の4Cの視点からのマーケティングが合致することによって、売れる商品・サービスとなります（図表3−3−5)。つまり、製品サービスの内容を検討する場合は、その企業で仕入れ、加工し、製作することができる新しい製品・サービスが提供できる、当該企業が有する経営資源という制約の中での新しい製品・サービスの提供ということです。しかし、その際、顧客の視点からのマーケティングの4Cでの視点からみてそれは、顧客が満足するものか

図表３－３－５　生産・販売の４Ｐの視点と顧客の４Ｃ の視点の合致点を見出す

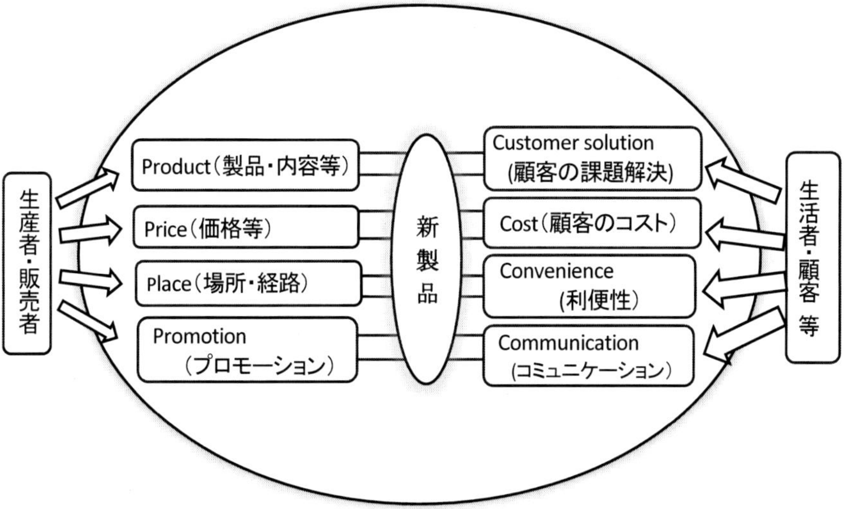

筆者作成

どうかということです。この両者の視点から売れる製品・サービスの開発を進めます。

イ. 経験価値

経験価値の視点からも、新商品等について検討します。つまり、「感覚的経験価値（SENSE）」「情緒的経験価値（FEEL）」「創造的・認知的経験価値（THINK）」「肉体的経験価値とライフスタイル全般（ACT）」「準拠集団や文化との関連づけ（RELATE）」の５つ観点から検討します（図表３−３−６)。(第２節参照)

新商品等が５つの経験価値のどの観点で顧客に価値を与えるのか。その内容としては何か。それら全体として、総合的な評価はどうかです。

そのうえで、経験価値の視点からみて、改善すべき点などを考えて、新商品等の開発にフィードバックします。

図表３－３－６　経験価値評価検討フレームワーク・シート

新商品等	a		b	
	内 容	課題、改善点	内 容	課題、改善点
感覚的経験価値（SENSE）				
情緒的経験価値（FEEL）				
創造的・認知的経験価値（THINK）				
肉体的経験価値とライフスタイル全般（ACT）				
準拠集団や文化との関連づけ（RELATE）				
総合的な評価				

ウ．感動語

感動語の観点からも、新商品について検討します。新商品等について、感動語の充溢、享受、魅了、興奮、歓喜、覚醒という分類ごとに、その感動語が出てくるかを検討します（図表3－3－7）。もちろん大きな感動でなくても、小さくても感動を感じてもらえるかを検討します。（第2節参照）

感動語に関する当該新商品等の内容を考えます。そして、感動語の視点から課題や改善点をひらい出します。それを新商品等の開発に反映させます。

図表３－３－７　感動語評価検討フレームワーク・シート

新商品等		a 内容	a 課題、改善点	b 内容	b 課題、改善点
充溢	胸がいっぱいになる　ほか				
享受	心が温まる 心にしみる　ほか				
魅了	心を奪われる 胸を打つ　ほか				
興奮	興奮する　ほか				
歓喜	歓喜する 心が躍る　ほか				
覚醒	心をわしづかみにする 目が覚める　ほか				
総合的な評価					

（3）コト・マーケティングの視点

商品を「ケーキ」というモノと考え、モノを売るために行うというモノを主体にした発想のマーケティングではなく、商品を「ケーキを買って帰り、舌と目で味わう心地よい時間を過ごす」というコトと考え、コトを行うために買ってもらうという視点のマーケティングが大事です。[1)]

つまり、コトは動詞や形容詞で表した顧客の在り方です。コト・マーケティングでは、企業は顧客にコトを（売るのではなく）提案し、コトを実現する道具として商品やサービスを顧客に提供しています。コトは、生活者の視点でとらえるものです。モノ主体の考え方からの離脱です。

コト・マーケティングにおいては、**コトによってどのような価値を与えるか**ということが重要です。つまり、

・使用文脈（コト）の中でどのような価値を与えるか

・製品、サービスでどんなコトができるのか

・動詞や形容詞で表されるコトの提案を考え、企業は自らが提案するコトの実現のため、どのような製品、サービスを提供するか

・コトの中での位置づけ、コトの経験価値が高まるように何をするか

・コトに関してどのような意義づけ、ストーリーを提案するか

などについて、検討します。

このようなコト・マーケティングの視点で新商品等の開発を考えていくことが大事です。

そのためには、新商品等についてコト・マーケティング視点での検討をします（図表3−3−8）。

企業として、どのようなコトを提案し、そのためどのような製品・サービスを提供し、サービス、ソフトを提供していくかを考えます。ただ単にモノを売るのではなく、コトを提案し、（小さな）感動を感じてもらい、経験価値を提供して行くことを考えていきます。

図表３−３−８　コト・マーケティング検討フレームワーク・シート

新商品候補（試作品）	使用文脈、行動、状態は何か（動詞、形容詞で表現してみる）コトのストーリーは何か	左の場合の価値は何か	コトのための、付加的なサービス、ソフトは何か
A			
B			
C			

（４）試作開発段階の課題

そして具体的な試作・開発段階においては様々な課題が発生します（図表3−3−9）。お客さんからみたときに「美味しい」「魅力的」という点での成果が出ないということ

が発生することが考えられます。パンチがない、ありきたりということです。これらの課題を解決しなければなりません。

図表３－３－９　新商品等の試作・開発段階の課題（例）

マーケティングの4C	内　容
顧客の課題解決 (Customer solution)	美味しくならない、いい味が出せない。 魅力的な商品にならない。 構想したようなものができない（アイデア不足、加工技術力不足、ノウハウ不足)。 安定的な供給体制が確立できない（委託先、原料仕入れ、生産加工技術)。
顧客のコスト (Cost)	想定される価格での製造ができない。 思ったよりコストがかかる。
利便性 (Convenience)	材料等が安定的に仕入れできない。
コミュニケーション (Communication)	平均的な美味しさ・製品仕上がりであり、特性が十分に強くない。

とりあえず新商品等の試作品が完成した場合でも、試作品の販売の段階において様々な課題が生じてきます。(図表３－３－10)

思うように売れない、顧客に支持されないということです。それはその試作品の強みを生活者にアッピールできていないことも考えられます。

図表３－３－１０　新商品等の開発後（販売）の段階の課題（例）

マーケティングの4C	内　容
顧客の課題解決 (Customer solution)	思ったように売れない。顧客に支持されていない。 顧客にとって魅力がない。(顧客アンケート) 感動が与えられていない。
顧客のコスト（Cost)	商品から感じる価値と比較すると価格が高い。
利便性（Convenience)	有効な販売・流通チャネルが見いだせない。
コミュニケーション (Communication)	顧客にとって魅力が感じられない。 類似商品があり、それとの差別化ができない。 顧客に商品の良さを伝えきれていない。

このように、マーケティングの4P だけではなく、顧客視点のマーケティングの4C の視点を重視して、具体的な解決を模索していくこととなります。

例えば、複数の試作品ができた場合、その試作品ごとに、4C の視点での評価検討表を作成して検討してみます。それを受けて工夫・改善を図っていきます(図表3−3−11)。

しかし、基本は、顧客の感動という視点での再検討です。つまり顧客に（小さな）感動を感じてもらうということから検討します。感動する、美味しい、楽しい、癖になる、体にいい、人に言いたい、自慢したい、という感動の言葉が、外に、心の中で、発せられるようにしたいものです。

そのためには、例えば、複数の試作品ができた場合、その試作品ごとに、消費者や有識者によるモニタリングや意見ヒアリング（また必要に応じてテストマーケティング）など

図表３−３−１１　4Cの視点での試作品の評価検討フレームワーク・シート

試作品	顧客の課題解決	顧客のコスト	利便性	コミュニケーション
A	＜評価＞ ＜工夫・改善の方向＞	＜評価＞ ＜工夫・改善の方向＞	＜評価＞ ＜工夫・改善の方向＞	＜評価＞ ＜工夫・改善の方向＞
B	＜評価＞ ＜工夫・改善の方向＞	＜評価＞ ＜工夫・改善の方向＞	＜評価＞ ＜工夫・改善の方向＞	＜評価＞ ＜工夫・改善の方向＞
C	＜評価＞ ＜工夫・改善の方向＞	＜評価＞ ＜工夫・改善の方向＞	＜評価＞ ＜工夫・改善の方向＞	＜評価＞ ＜工夫・改善の方向＞

4Cについて、評価し、工夫・改善すべき点を書く

によって、特性や課題、消費者の受け入れ可能性等を評価してもらうことに加えて、どのような感動語が期待されるか、感動語を期待するにはどのような工夫・改善がさらに必要かなどの意見を出してもらうことが重要になります（図表３－３－１２）。品質機能の基礎の上にストーリー性を付加するというコミュニケーションによって解決を目指します。

感動語の視点、コト・マーケティングの視点などの多角的な視点マーケティングによる検討、それによる工夫、改善が大変大事です。

図表３－３－１２　試作品等のモニタリング等による工夫・改善検討フレームワーク・シート

試作品	内　容	特性や課題等からの工夫・改善を要すると考えられる事項		感動語の視点からの工夫・改善を要すると考えられる事項	
		改善事項	製作サイド	改善事項	製作サイド
A					
B					
C					

※「内容」には特性などの特徴を書きます。「改善事項」には、モニターなど消費者の意見等を参考にした改善検討事項を書きます。「製作サイド」には、技術的な問題、コスト等の製作サイドからみた課題を書きます。

（５）社内の技術、ノウハウなどの研究開発力の育成・発展

新商品等の開発に当たっては、ベースとしての自社の知的資産、つまり、ノウハウ、組織における課題解決力、研究開発力などが威力を発揮します。組織全体としての開発マインドも大事です。これらを推進するには、トップのリーダーシップとともに、そこに働く人の力の育成です。そのための継続的かつ計画的な人材育成、研修の実施です。

ともかく、基盤としての自社の知的資産の蓄積、発展も計画的に進めましょう。

【各経営主体のためのヒント】

<地域中小企業>

地域中小企業、小規模事業者においては、新しい商品を開発していくことは、未来への投資であり、その点で常に取り組んでいくことが必要です。

自らの技術などの知的資産を活かしていくこと、また新しい商品を開発することによって、なお一層知的資産が充実していくことにつながります。研究開発に不断の努力をしていくことが求められています。

経験価値の視点での取り組み、新商品等のアッピール、コミュニケーションなどが成果につながります。ただ、その基礎となるのが技術力・ノウハウです。この点ついて長期的な視点で、基礎的研究開発力をつけていくことが大事です。

<NPO などの非営利的組織>

第三セクター方式の地域特産物製造事業所においても、ただ漫然と経営をしているわけにはいきません。同種の事業を営む民間企業の中には大手企業もいます。このような他の競合も常に改善・革新を図っています。それに対抗するためにも、試作品開発等にもチャレンジしたいものです。

産地直売所においても、地域特産物販売に当たっての課題については、40.8%の直売所が「新たな商品・加工品の開発」を挙げており[2)]、産地直売所経営の安定・発展のためにも、新商品等の開発が重要となっています。

福祉関係施設においても、福祉ニーズの多様化、競合の激化、という経営環境にあるところもあります。そのため、マーケティングの顧客の４C の視点から課題があれば、新しいサービスの提供も考えていくことも必要となってきます。その場合、(小さな)感動を与えるということも大事ですので、その視点でも考えていきたいですね。

---

1) コト・マーケティングについては、東利一 (2012)「コトの多義性を整理する」流通科学大学論集ー流通・経営編ー第 24 巻第 2 号, 75-87 、東利一 (2009)「コト・マーケティングー顧客をコトとして捉えるー」流通科学大学論集ー流通・経営編ー第 21 巻第 2 号, 115-127 、岡林秀明 (2012)『コトラーのマーケティング理論が 2.5 時間でわかる本』TAC 出版等を参考にしました。
2) 農林水産省「農産物地産地消実態調査（平成 21 年度結果)」。

第４章　数値データを活かした経営

第１節　利益とキャッシュをトータルにマネジメントする経営

【課題】

企業経営において、ただ決算書上利益が出ている、売上高が対前年比増加しているということを単純に喜んでいいのでしょうか。

中身が問題なのです。企業経営においては、借入金が多くて返済がままならないかもしれませんし、売掛金が大きく増加した分その確実な回収が難しいということであれば、経営上の大きな問題です。

これらにおいては、損益計算書上は儲かっているように見えますが、資金つまりキャッシュ・フロー的にみると問題があります。利益が出ていても利益額に比べて借入金残高が大きい時は経営が行き詰まる可能性が高くなります。売上高が増えても、売掛金（ツケによる販売）が多くてその売り先がなかなか支払ってくれない可能性が発生してきます。必要経費は支払わなければならず売上代金の回収がままならないと、資金がショートします。黒字倒産の可能性が出てきます。

損益計算書で利益が出ていても倒産しないために、どうするかです。

【課題解決フローチャート】

企業が、現在の活動状況を把握し、今後の発展を考えるためには、まず、収益性、効率性等について成果をみてみます。そして次にキャッシュ・フローの観点からの経営成果を検討します。財務全体についてトータルにみることが大変重要です。（図表 4−1−1）

図表 4−1−1　財務についてトータルにマネジメント
−キャッシュ・フローを重視した経営−

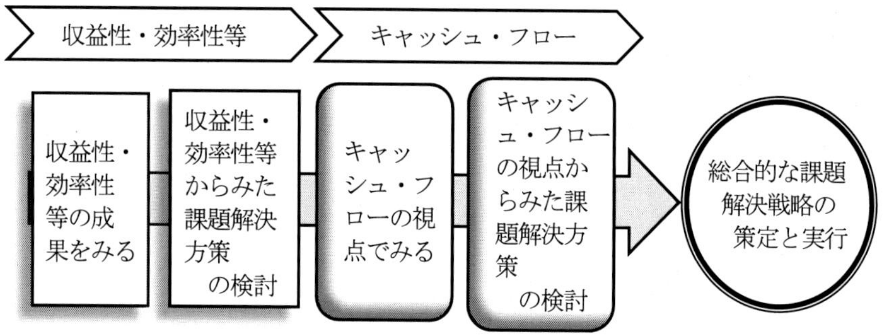

筆者作成

【対応策フレームワーク】

1．収益性、効率性等から財務状況をみる

企業の経営成果の把握においては、基本である損益計算書（NPO の場合は活動計算書、公益法人の場合は正味財産増減計算書）、貸借対照表に基づいて収益性、効率性等をみて、課題解決等を検討します。

（1）収益性・効率性等の成果をみる

① 企業経営の財務分析

企業経営においては、いかに収益を上げるかが大事です。収益性が問われます。そのため、

・収益性

・効率性

・安全性

・生産性

・成長性

という5つの点からみてみます。

ア．収益性

基本は、

・投下している資本がどれだけの利益を生み出したか

です。（図表4−1−2）

総資本対利益率＝利益／総資本

この値について、ＴＫＣ経営指標などにより同業種との比較、自社の過去の推移をみてみます。

この総資本利益率は、売上高対利益率に資本回転率を乗じたものです。つまり、資本がどれだけ利益を出したかは、

・売上高のうちどれだけを利益としたか（売上高対利益率）

・資本をどれだけ効率的に使って売上高を上げたか（資本回転率）

にかかっています。

図表　4−1−2　収益性分析フレームワーク・シート

経営比率		自社	業界平均	自社の課題
総資本利益率	利益／総資本			
売上高対利益率	利益／売上高			
資本回転率	売上高／総資本			

そしてこの売上高対利益率を深く掘り下げていくことによって、収益構造の課題を把握していくことが可能となります（図表4−1−3）。具体的には、

・売上高でどれだけの総利益をだしているか

・どれだけの人件費がかかっているか

・販売管理費はどれだけかかっているか

などをみていきます。

図表４－１－３　売上高収益性分析フレームワーク・シート

経　営　比　率		自 社	業界平均	自社の課題
売上高対 総利益率	総利益／売上高			
売上高対 人件費比率	人件費／売上高			
売上高対 販売管理費比率	販売管理費／ 売上高			

イ．効率性

投下資本が効率的に使われているかをみます。（図表 4－1－4）

資本回転率（＝売上高／総資本）は、

・資本をどれだけ効率的に使って売上高を上げたか

ということです。

資本回転率が低かった場合、その原因をより詳細に検討する必要があります。総資産を構成する売上債権、固定資産などの効率性をみるために、

・売上債権は売上高に比べて多くないか

・棚卸資産は売上高に比べて多くないか

・有形固定資産は売上高に比べて多くないか

などをみてみます。

総資本（資産）の内訳である、売上債権、棚卸資産、有形固定資産などについての効率性です。回転期間は日商の何日分に相当するかを算出し（回転期間=資産／（売上高／365 日））、他の類似企業・業界の平均等からみて期間が大きければ効率性がよくないということになります。具体的には、売上債権回転期間、棚卸資産回転期間、有形固定資産回転期間を検討します。

期間が大きい資産については、なぜ大きいのか＝非効率になっているかを検討します。

例えば、棚卸資産回転期間が大きければ、商品在庫、仕掛品、原材料などが多く在庫として残っており、売り上げ見込みが大きく造り過ぎて残っているのか、在庫管理がうまく機能していないために在庫が増えたのか、生産管理が上手くいかず在庫が増えてきたのか、などが考えられます。

図表 4−1−4　効率性分析フレームワーク・シート

経　営　比　率		自　社	業界平均	自社の課題
資本回転率	売上高／総資本			
売上債権 回転期間	売上債権/ （売上高/365 日）			
棚卸資産 回転期間	棚卸資産/ （売上高/365 日）			
有形固定資産 回転期間	有形固定資産/ （売上高/365 日）			

ウ. 安全性

安全性は、資産、負債の状況を示す貸借対照表から資産、負債のバランスからみて、財務的な面から安全性に問題が無いかをみます。（図表 4−1−5）

・短期的な財務安全性はどうか
・長期的な財務安全性はどうか
・自己資本によって財務安全性が確保されているか

などを検討します。

流動比率（＝流動資産／流動負債）は、流動資産が流動負債に対して十分あるかを表します。短期的な安全性を示します。流動比率は 80%未満の場合は危険だといわれていますので、短期的な財務管理には要注意です。

固定比率（＝固定資産／自己資本）は、長期に固定する有形固定資産等が自己資本で賄われている割合を示します。この比率が低いほど安全性が高いといえます。200%超の場合は危険だといわれていますので要注意です。

固定長期適合率（＝固定資産／（自己資本＋長期借入金））は有形固定資産等が長期的な資本で措置されているかを示します。必ず100%以下にすべきで、120%超は危険だといわれていますのでその場合は注意が必要です。また、借入金に関しては、借入金月商比は 12 月以上の場合は危険だといわれていますので、借入金の削減を考える必要があります。

自己資本比率（＝自己資本／総資本）は総資本における自己資本の割合で、自己資本の割合が高いと総資産の安全性が高いといえます。

図表４－１－５　安全性分析フレームワーク・シート

経 営 比 率		自 社	業界平均	自社の課題
流動比率	流動資産／流動負債			
固定比率	固定資産／自己資本			
固定長期適合率	固定資産／（自己資本＋長期借入金）			
自己資本比率	自己資本／総資本			

エ．生産性

収益性等に影響を与えるものに生産性があります。（図表４－１－６）

まず、従業者一人当たり売上高（＝売上高／従業者数）をみます。しかし、より重要なのは従業者一人当たり総（粗）利益（＝総（粗）利益／従業者数）、従業者一人当たり経常利益（＝経常利益／従業者数）という利益の生産性です。

これらが低い場合は、その原因を把握し、どうすれば改善されるかを検討します。

図表４－１－６　　生産性分析フレームワーク・シート

経　営　比　率		自　社	業界平均	自社の課題
従業者一人当たり売上高	売上高／従業者数			
従業者一人当たり総利益	総利益／従業者数			
従業者一人当たり経常利益	経常利益／従業者数			

オ．成長性

将来への発展性を持っているかどうかは成長性でみることができます（図表 4－1－7)。売上高成長率（＝売上高／前年売上高）や経常利益成長率（＝経常利益／前年経常利益）をみます。これらについては、最低でも３期分について検討したいものです。

図表４－１－７　　成長性分析フレームワーク・シート

経営比率		自　社	業界平均	自社の課題
売上高成長率	売上高／前年売上高			
経常利益成長率	経常利益／前年経常利益			

② ローカルベンチマーク財務指標分析

中小企業等経営強化法がスタートしました（2016 年７月施行）が、同法においては、人材育成や財務管理、設備投資などの取組みを記載した「経営力向上計画」を作成し認定されることで様々な支援措置が受けられます。

この中小企業等経営強化法に基づく経営力向上計画を申請する場合に活用される財務分析指標がローカルベンチマーク財務指標です。

この指標においては、

・売上持続性（売上高増加率）

・収益性（営業利益率）

・生産性（労働生産性）

・健全性（EBITDA 有利子負債倍率）

・効率性（営業運転資本回転期間）

・安全性（自己資本比率）

の各視点から、財務指標を算出し、業種平均と比較して見える化（点数化）して、企業の財務内容を把握します。(図表 4−1−8)

これらの財務状況を踏まえた経営力の強化に向けた改善アクションに取り組むこととなります。

図表４－１－８　ローカルベンチマーク財務指標検討フレームワーク・シート

項目	財務指標	計算方法	自社の算出結果	自社の課題と改善アクション
売上持続性	売上高増加率	（売上高/前年度売上高）－１		
収益性	営業利益率	営業利益/売上高		
生産性	労働生産性	営業利益/従業員数		
健全性	EBITDA 有利子負債倍率	(借入金－現預金)/（営業利益＋減価償却費）		
効率性	営業運転資本回転期間	（(売掛金+受取手形)＋棚卸資産－(買掛金＋支払手形)）/（売上高/１２）		
安全性	自己資本比率	純資産/負債・純資産合計		

③ 各経営主体の財務分析

<地域中小企業>

地域中小企業においては利益を出して、それを源泉としてさらなる発展を進めるということから、利益という成果が問われます。

そのため、それぞれの指標について、自社の指標、業界平均等からみて、高いのか低いのかをみて、十分な成果が上がっていない場合その要因・原因を検討します。具体的に、問題意識をもって掘り下げていきます。そして、自社としての課題を把握します。

それをトップが責任をもって検討すること、データに基づいて分析・検討することが大事です。

<NPO などの非営利的組織>

地域において福祉施設の運営や地域物産品販売事業などを行う非営利的組織においても、利益の配分を行うことを想定はしていない組織ではあるものの、適切な利益を生み出し、継続的に事業を継続してその経営活動によって地域社会の発展に寄与することが求められています。

そのため、自組織の収益性や効率性などを分析して、経営の改善、経営の革新に努め持続的発展に結び付けていかなければなりません。

（２）収益性・効率性等からみた課題解決の方策の検討

<地域中小企業>

収益性、効率性等についてフレームワーク活用により、把握された課題をいかに解決していくか。それを検討します。

例えば、資本利益率でみた収益性がよくない場合は、売上高収益性（売上高利益率）と効率性（資本回転率）が問題です。（図表４−１−９）

図表４－１－９　売上高収益性＆資本回転率が資本利益率を左右する

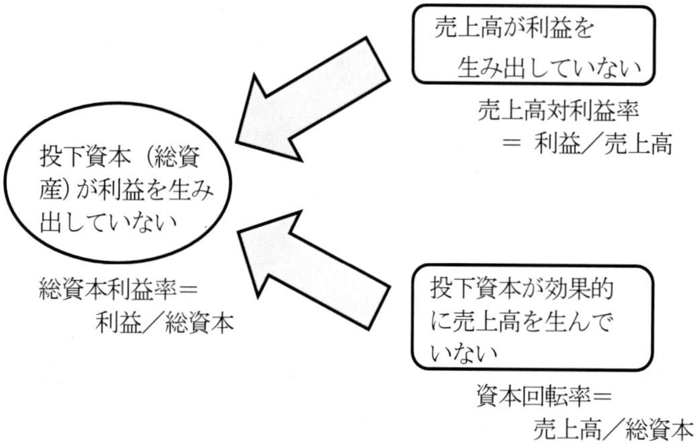

筆者作成

そして、売上高収益性が良くない場合、

・顧客の支持を得ていないため売上高が少ない

・商品・サービスを提供するための販売管理費などの経費が十分に機能していない

この２つが原因と考えられます。(図表４－１－１０)

図表４－１－１０　顧客の支持度、経営の仕組みが
売上高収益性を左右する

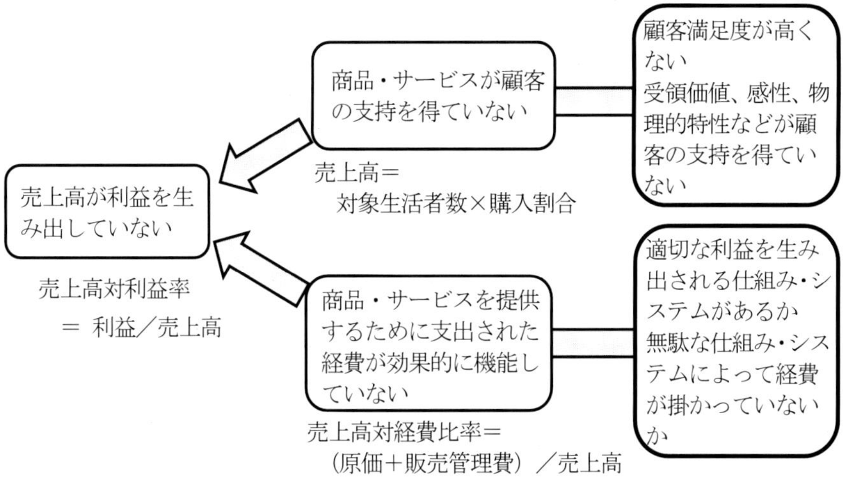

筆者作成

課題、問題には要因・原因があります。それを解決することが必要ですが、売上が少なければ単に売上げを上げるために広告宣伝費を増やす、経費が掛かっているのであれば経費を節減するというのではなく。課題、問題が生ずる要因・原因としては、複数の要因・原因が相乗的に関連している場合があります。対症療法的な対応ではなく、根治療法（原因療法）的な課題解決が必要です。

つまり、単純に広告宣伝費を強化する、原価を下げるという対症療法的な対策をすぐにとるというのではなく、提供している商品・サービスが顧客満足度・価値度を高めるために抜本的に再検討することが必要です。根治療法です。そのため、仕組み、システム等の改善、革新が必要となってきます。

また、商品・サービスを生産・提供するための経費が売上高に対して高いということであれば、バリューチェーンの段階ごとに利益が出にくい、経費が掛かる仕組みとなっ

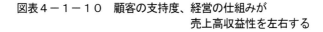

ていないかなどについて検討して改善策を考えていかなければなりません。

ある工作機械メーカーにおいては、経費が掛かっており利益が出ない状況でしたが、工作機械生産作業工程のフローと情報の流れ、仕掛品等の流れを確認したところ滞っているところがあり、それを改善したところ工作機械１台当たりの生産時間、生産コストが大幅に改善されました。このように、仕掛品等＝モノ、作業工程の状況＝情報を見直すことによって、結果として経費が少なくて済むということになります。

資本の効率性が悪い場合においては、売上債権が多い場合、販売・営業部門の売り方の問題、生産・販売・管理の仕組みに矛盾が生じている可能性があります（図表４−１−11）。棚卸資産が多い場合は、販売・営業部門と生産管理部門の情報の連携が機能していない可能性があります。

図表４－１－１１　資産を活かす経営活動がなされているか

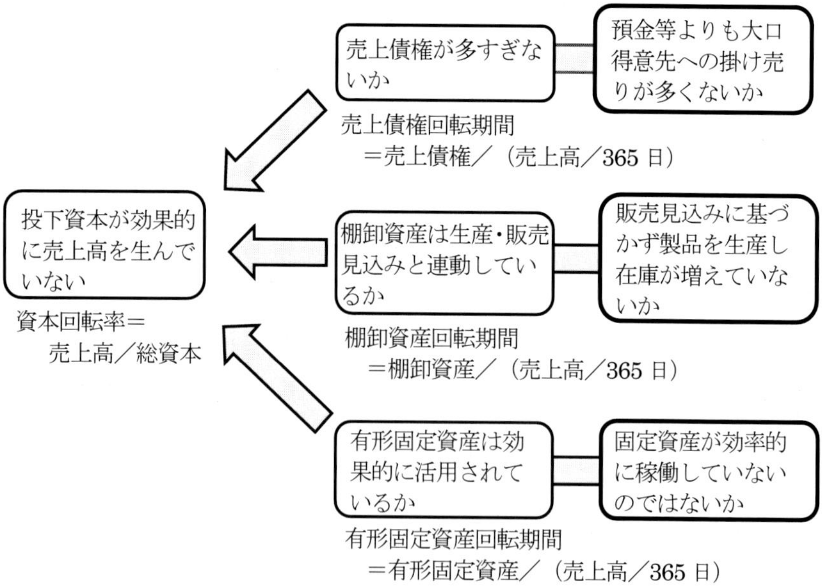

筆者作成

有形固定資産の効率性が悪い場合、新規に導入した最新設備があまり稼働していない場合、生産管理部門の能力や現場の士気の問題や最新設備導入についてお得意様に十分アッピールできていないという販売・営業部門との連携の不十分さなどが考えられます。

<NPO などの非営利的組織>

非営利的組織においても、収益性、効率性等については、地域中小企業に準じて検討する必要があります。適切な利益を確保し、継続的な事業実施につなげていくために、収益性、効率性等を検討して、健全な経営を進める必要があります。

また、非営利的組織の経営においては、収益性、効率性等について３つの視点で考えることが大事です。つまり、

・顧客の視点

・真の顧客の視点

・非営利的組織運営の視点

の３つの視点から経営を進めることです。

顧客の視点では、当然非営利的組織が行っている事業活動の対象のお客さんを一番に考えるということです。一時的な収益を上げることだけを考えて、結果的にお客さんに不満を与えては意味がありません。お客さんの生涯的な満足を向上させて、継続的な取引等の関係を構築していくことです。顧客満足度、顧客価値度の調査などによりいかに顧客に満足、価値を与えていくかです。

また真の顧客の視点というのは、非営利的組織の活動を支える人・関係機関の視点ということで、具体的には障がい者福祉施設経営においては、地域住民、地域自治体などです。その活動を寄付金、助成金などで支え、ボランティア活動などで支えている人たちです。売上高をもたらす顧客ではなく、組織活動を支える顧客のことです。これらの支持、理解が得られる収益・効率等を目指すことが必要です。

非営利的組織の視点で、その組織の永続的な発展のための収益性・効率性等を考えていかなければなりません。

2. キャッシュ・フローの視点から財務状況をみる

キャッシュ・フローつまり資金の流れからの経営状況を把握するために、企業等においてはキャッシュ・フロー計算書が作成されます。(図表4－1－12)

・営業活動などによってどれだけの資金を獲得したか(**営業活動によるキャッシュ・フロー**)

・その資金でどのような投資を行ったのか（**投資活動によるキャッシュ・フロー**)

・投資などのためにどれだけ借り入れたか（**財務活動によるキャッシュ・フロー**)

など、資金の流れ（キャッシュ・フロー）を表しています。

図表4－1－12　キャッシュ・フロー計算書

営業活動によるキャッシュ・フロー	当期純利益（税引後利益) 減価償却費 売上債権の増加（－) 棚卸資産の増加（－) 仕入債務の増加（＋)　　など
投資活動によるキャッシュ・フロー	有価証券取得（－) 有価証券売却（＋) 固定資産取得（－) 固定資産売却（＋)　　など
財務活動によるキャッシュ・フロー	借入金収入（＋) 借入金返済（－) 配当金支払（－)　　など

※営業活動によるキャッシュ・フローは、簡便法としては、税引後利益＋減価償却費で計算します。

黒字倒産という言葉がありますが、これは損益計算書上は利益が計上されているが、設備投資や借入金の返済など資金の流れ（キャッシュ・フロー）において、資金ショートしたということです。

その意味において、経営活動においてキャッシュ・フローが十分かつ円滑に流れていくことが、経営の発展の基盤です。

キャッシュ・フローにおいても、

・収益性

・安全性

をみてみます。

ア. 収益性

営業キャッシュ・フローマージン（＝営業キャッシュ・フロー／売上高）は、売上高からどれだけの営業キャッシュ・フロー[1)]が生み出されたかをみます（図表４−１−13）。営業活動によってどれだけの資金（キャシュ・フロー）を生み出したかということです。実際上の売上高−実際上の経費＝実際上の資金ということです。キャッシュ・フローの視点から収益性の高さをみるものです。

図表４−１−１３　キャッシュ・フロー収益性分析フレームワーク・シート

経　営　比　率		自 社	業界平均	自社の課題
営業キャッシュ・フローマージン	営業キャッシュ・フロー／売上高			

イ. 安全性

キャッシュ・フローについて安全性をみるというときは、流動負債との比率をみます。営業キャッシュ・フロー対流動負債比率（＝営業キャッシュ・フロー／流動負債）です。買掛金、短期借入金などの流動負債に見合った営業キャッシュ・フローがあるかをみるものです。例えば、金属製品製造業 765. 2％、旅館業 245. 6％、食料品製造業 - 95. 4％ などとなっています。[2)]

借入金等の返済財源は基本的には営業キャッシュ・フローですので、借入金等の有利子負債に対してどれだけの営業キャッシュ・フローがあるかをみるのが、キャッシュ・フロー比率（＝営業キャッシュ・フロー／有利子負債）です。これをどれだけの年数で借入金を返済できるかという点でみるのが、債務償還年数（＝有利子負債／営業キャッシュ・フロー）[3] です。債務償還年数については、10 年以上は危険であるといわれています。計画的に利益体質にして償還財源の増加策の実施と借入金の返済を進めます。(図表 4－1－14)

図表４－１－１４　キャッシュ・フロー安全性分析フレームワーク・シート

経　営　比　率		自 社	業界平均	自社の課題
営業キャッシュ・フロー対流動負債比率	営業キャッシュ・フロー／流動負債			
キャッシュ・フロー比率	営業キャッシュ・フロー／有利子負債			
債務償還年数	有利子負債／営業キャッシュ・フロー			

また、キャッシュ・フロー計算書において、

営業キャッシュ・フロー	＋
投資キャッシュ・フロー	－
財務キャッシュ・フロー	－

であれば、営業で利益を出し、投資も行っており、借入金の返済を行っていると考えられ、優良企業です。

キャッシュ・フロー計算書において、

営業キャッシュ・フロー	－
投資キャッシュ・フロー	＋
財務キャッシュ・フロー	－

であれば、営業でキャッシュ・フローが生み出せないため財産等を売却している場合が

あり、危険であるといわれていますので要注意です。

キャッシュ・フロー計算書において、

営業キャッシュ・フロー	−
投資キャッシュ・フロー	−
財務キャッシュ・フロー	＋

であれば、営業活動ではキャッシュ・フローが生まれておらず借入金で会社を運営している状態で、ベンチャー企業または経営を無理している企業の可能性があります。危険な場合もあるので要注意です。

もちろんこれらについては、単にプラスかマイナスかではなく、金額が問題ですので、その点でもみてみます。

経営においては、フリーキャッシュ・フロー（営業キャッシュ・フロー＋投資キャッシュ・フロー）がプラスになることが理想です。フリーキャッシュ・フローがマイナスの場合、マイナスが大きいかマイナスが続くようであれば要注意です。

このような多様な検討結果に基づき、キャッシュ・フローについて改善策を検討し、取り組むこととします。（図表４−１−15）

図表４−１−１５　キャッシュ・フロー改善検討シート

区　分	内容項目	自社の改善方針	アクション・プラン
営業活動によるキャッシュ・フロー	当期純利益 減価償却費 売上債権の増加（−） 棚卸資産の増加（−） 仕入債務の増加（＋）など	*<利益を増加させる、掛売を減らす、などの方針を書く>*	*<生産性の向上に取り組む、お得意様に現金払いをお願いする、などの具体的な計画を書く>*
投資活動によるキャッシュ・フロー	有価証券取得（−） 有価証券売却（＋） 固定資産取得（−） 固定資産売却（＋）　など	*<キャッシュ・フローが増えるようにする方針を書く>*	*<キャッシュ・フローが増えるようにする具体的な計画を書く>*
財務活動によるキャッシュ・フロー	借入金収入（＋） 借入金返済（−） 配当金支払（−）　など	*<〃>*	*<〃>*

３．総合的な課題解決の実行

以上みてきたように、収益性・効率性等の視点からみた課題、キャッシュ・フローの視点からみた課題、これらの課題を解決するための取り組みを検討します。

そして、財務トータルで問題のない状態、財務的な基盤がしっかりした状態で、経営に取り組んでいくことを目指します。

【各経営主体のためのヒント】

＜地域中小企業＞

地域中小企業にとっては、キャッシュ・フローの把握、管理は基本中の基本ですね。

営業活動によるキャッシュ・フローが安定的にプラスであれば問題はないのですが、企業経営が悪化するとマイナスになります。その場合、何らかの経営の改善、経営の革新を進めなければなりません。企業の発展のためには、経営環境の変化に対応する活動が求められ、経営の革新を進めていくためには新事業への取り組みや技術の進化に対応した設備投資などが必要となります。これにより投資活動によるキャッシュ・フローはマイナスになることは想定していくことが必要です。設備投資や運転資金などのための借入金などにより財務活動によるキャッシュ・フローが変動することに常に注意を払っていくことが必要です。

キャッシュ・フローは経営活動の結果として、経営の継続のために必要な資金（キャッシュ）が増えたり減ったりします。これらの結果を直視して、その要因・原因を改善していくことです。

経営悪化の要因・原因は複数の要因・原因が関連して、複合的に作用していくことが多いものです。経営の各部門別（生産現場の工場、営業・マーケティング部門、企画開発部門、経営管理部門）にみてみることも大事です。また材料の調達から製品・サービスが顧客に届くまでの企業活動の段階ごとにみてみることも有効です。

それぞれの部門や活動段階ごとに、コスト・利益・キャッシュの流れや強み・弱みを明確にすることです。そしてその部門や活動段階ごとの課題を把握して、それぞれの部門・段階における課題解決を目指すことが必要です。

キャッシュ・フローについては、厳密に計算せず、営業キャッシュ・フロー＝税引後利益（当期純利益）＋減価償却費という簡便法で把握して、どれだけ創出できたか、それを設備投資に使えるか、借入金を何年で返済可能かなどを、念頭に置きながら経営を進めていくことが肝要です。

＜NPOなどの非営利的組織＞

非営利的組織においても、キャッシュ・フローを増やすという視点のフレームワーク等を活用して、堅実な経営を進めていくことが重要です。キャッシュ・フローの視点がないと黒字倒産ということになりかねませんので。

また、もう一つの視点では、地域内にキャッシュ・フローが流れるように配慮して経営活動をしていくことも大事です。仕入れ、従業員の雇用など地域の人、モノを使うことです。それによって、地域に販売代金、仕入れ代金等が支払われ地域に還流します。地元の人が技術、ノウハウを取得し、それが地域の資産となります。反対に、それを地域外の企業に仕事を頼んだり、県外から呼んだ人を雇用したりすれば、地域へのキャッシュ、技術等が、地域内へ流れません。それでは、地域が発展していく源泉とはなりません。

1）営業活動によって生まれたキャッシュ・フローを表します。税引後当期利益＋減価償却費＋売上債権・仕入債務などの増減によるキャッシュ・フローになります。
2）金融庁の『証券取引法に基づく有価証券報告書等の開示書類に関する電子開示システム』等による業界平均（http://industry.ediunet.jp/choice/506/）。
3）より厳密に計算すとすれば次のようになります。債務償還年数＝（(短期借入金＋長期借入金＋社債＋割引手形−預金）－（売掛金−買掛金＋受取手形＋在庫−支払手形））／（税引後当期利益（一過性の収支は加味しない）＋減価償却費）。

第2節　数値データの活用による経営の改善、経営の革新

【課題】

中堅中小企業における経営数字データの利用実態[1]をみてみると、経営数字データの活用目的は、「収益管理」76.3%、「予算管理」68.0%、「原価管理」58.3%、「業績予測シミュレーション」43.0%、「キャッシュ・マネジメント」31.3%、「新規・不採算事業の評価」25.7%、「事業リスク管理」16.3%などとなっています。

「業績予測シミュレーション」、「新規・不採算事業の評価」、「事業リスク管理」などにおける経営数字データの活用はPDCAサイクルの実施などにおいて重要と考えられますが、活用目的としてはそんなに多いとは言えません。またこれら3つの活用目的においては、49人以下の企業において特に割合が低くなっており、**小規模企業においては経理データの利用が少ない**可能性が窺えます。

会計システムの利用状況は、「経理部門のみで使用している」44.3%、「経営トップ層も会計システムを活用している」19.0%、「経理部門だけでなく経営企画部門も活用している」14.3%、「営業現場や生産現場など現場部門も会計システムを活用している」13.3%、「わからない」9.0%となっています。**経営企画部門や現場部門における利用があまり多くない**状況です。

損益管理の現状は、「会社全体での予算実績管理と過年度比較を行っている」73.7%、「部門別の年度予算実績管理と過去年度比較を行っている」50.3%、「部門別予算実績比較を四半期（月次）で行っている」46.3%、「部門別予算実績管理に加え詳細な実績管理を行っている」36.3%、「セグメント別の予算実績損益管理を行っている」24.7%、「セグメント別予算実績管理と予測情報の管理を行っている」17.7%、「その他」0.7%、「わからない」8.3%となっています。

中堅中小企業においては、会社全体での実績把握や過年度との比較は当然であると考えられますが、**部門別、セグメント別のPDCAが弱い**可能性が窺われます。部門別、セグメント別の損益管理がさらに行われることが望まれる状況です。また企業規模別にみると、小規模企業において、部門別、セグメント別の損益管理を行っている割合が低く、**PDCAサイクルの実施が小規模企業発展の肝である**と考えられます。

以上みてきたように、**中小企業、特に小規模企業において経営数字の活用が不十分**なことが窺えます。経営数字というデータを活用して現状把握さらには経営の改善、経営の革新を進めていくことが必要です。

企業の持続的発展のために、経営数字データをいかに活用していくか、どのように経営の改善、経営の革新等に活かしていくかが課題です。

【課題解決フローチャート】

企業の経営においては、常に現状を把握して、絶えず最善の結果を出すように活動をしていかなければなりません（図表４−２−１）。そのためには、まず、データによる現状把握です。**数値データ把握**と**見える化**です。

データによる現状把握においては、財務全体の概要を把握・理解するとともに、様々な方法によって、詳細分析を行います。そこから把握された課題等の解決に向けて、経営の改善、経営の革新の戦略、計画を立てます。

そして具体的な経営の改善、経営の革新の実践です。

【対応策フレームワーク】

１．データによる現状把握

データによる現状把握においては、定期的なデータ把握と見える化が基本です。見える化は、数字でみんなに見えるようにすること、またグラフ化によって視覚的に訴えることが効果的です。

週に１回（または月に数回）開かれる経営会議等において、データ把握と見える化で経営管理を進めます。

図表４－２－１　データによる現状把握から経営の改善、経営の革新へ

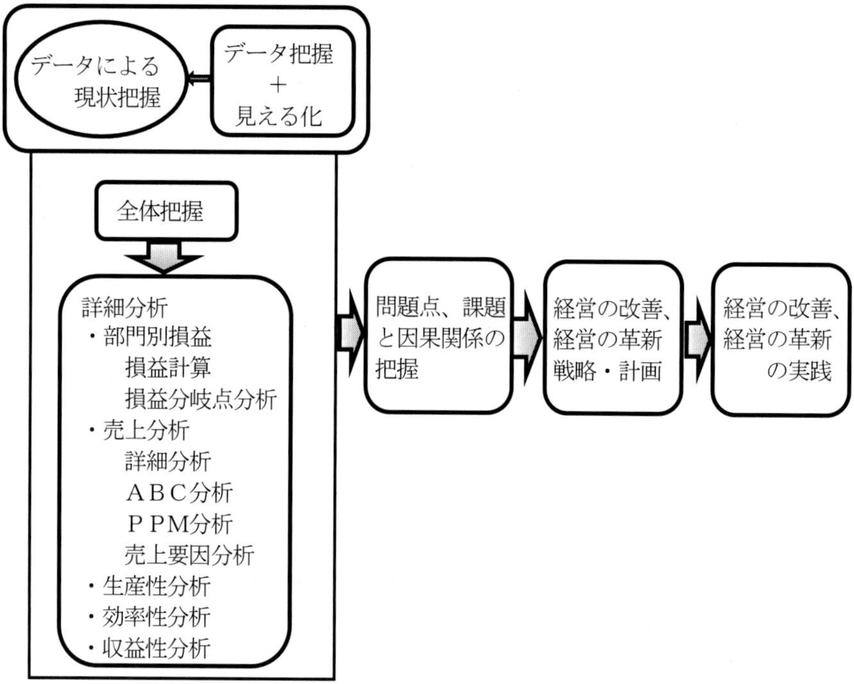

筆者作成

（１）全体を把握する

財務内容の全体については、決算ごとに図解的に把握していくことによって概略的に把握します。**財務の全体の見える化**です。

貸借対照表と損益計算書について、大きさを図解化しましょう。貸借対照表と損益計算書の額に応じて長さ（高さ）を計算して図にします（図表４−２−２）。貸借対照表の左側に資産があります。この内訳として流動性が高い資産（1 年以内に現金化、費用化が見込まれるもの）＝流動資産と、固定化している資産＝固定資産に大きく分けることができます。このうち固定資産には、有形固定資産と無形固定資産があります。無形固定

図表４－２－２　　貸借対照表と損益計算書を高さで表現する

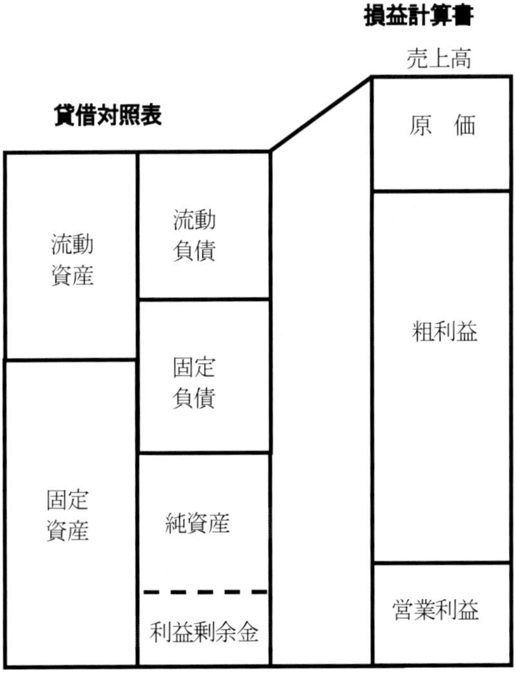

国貞克則『財務３表一体理解法』（朝日新聞出版、2007 年）
に基づく図解

資産としては、工業所有権（特許権、商標権、実用新案権、意匠権）、電話加入権、著作権等があります。

この図を見ることによって、流動性の問題や自己資本比率、資本回転率の状況、売上高対原価比率などが視覚的に把握できます。

また、この総資産、純資産、売上高について、総資産＝コップの上辺、純資産＝コップの下辺、売上高＝タテとして、コップの形を描いて理解するのもよいでしょう（図表4−2−3)。このコップの形が不安定になると傾いていき、倒産となります。自社について図解化してみます。

このように図解化することは、過去の分（3年分以上）も行って、推移などを確認することが大事です。

図表４－２－３　財務はバランスで表現する

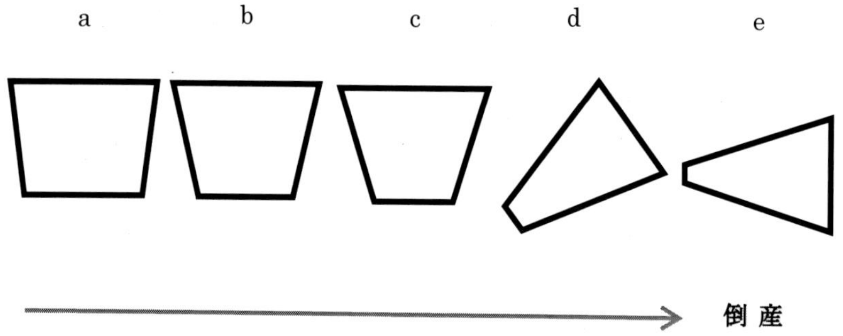

上辺＝総資産　　下辺＝純資産　　タテ＝売上高

長島俊男『新訂２版 倒産分岐点』（1981年、同友館）p.42-44より、一部筆者修正

（２）詳細分析

① 部門別の損益分析

ア．部門別損益計算分析

全体としての損益の状態が良くない場合、その原因を考えるときは、事業部門別、製品群別、得意先別、支店別、商品別など詳細分類別に掘り下げて損益をみてみましょう。

そのため、理想的には日ごろから部門別（製品群別、得意先別、支店別、商品別など）に損益計算できるように経理処理をしておき、部門別（詳細分類別）損益計算書を作成します。そのような状況にない場合は、経理資料や販売部の資料、生産部の資料に基づいて、部門別（詳細分類別）損益計算書を作成することになります。

そして、まず売上高の部門別の状況をグラフ化してみます。その場合は、年計（直前1年間分）額を各月表示する方が、全体の傾向がわかります。当該月及び対前年比を考えるのではなく、年計の推移を毎月みれば傾向がわかります（図表4－2－4）。この年計の推移がわかるようにシステム化しましょう。

総利益についても、部門別にみてみます。総利益率、総利益額を確認して、課題や改善方法を検討します。また、部門別に総利益額の年計の推移をグラフ化して、各月において傾向を確認します。

次に、部門別損益計算表で、部門別の状況を把握します（図表4－2－5）。これにより利益がより多く出ている部門、損失が出ている部門がわかります。その状況を検討しながら、次期の経営活動を決定し進めます。

図表４－２－４　年計表グラフ（部門別売上の例）

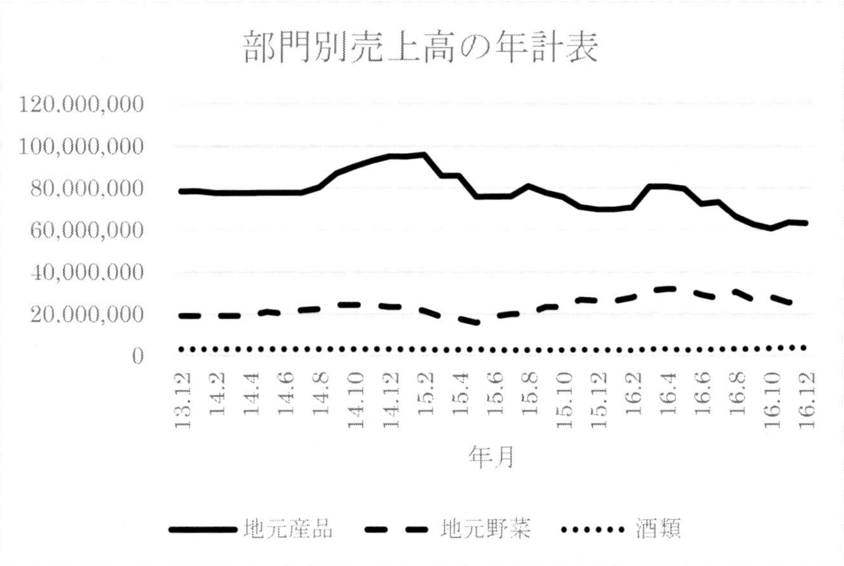

※14年12月の売上高は14年1月から12月までの1年分の売上高、
15年1月の売上高は14年2月から15年1月までの1年分の売上高を表しています。

図表４－２－５　部門別損益計算表

区　分		全　体	A 部門	B 部門	C 部門
売 上 高					
売上原価					
	材料費				
	労務費				
	その他の経費				
売上総利益					
販売費・一般管理費					
	販売費				
	人件費				
	その他の経費				
	本社等(※)販売費・一般管理費の部門負担額				
営業利益					
営業外損益の部門負担額（支払利息など）					
経常利益					

※本社または経営管理部・営業推進部などの管理部門を指します。

イ．損益分岐点分析

損益分岐点は、費用を変動費（売上高と比例的に増える費用）と固定費（売上高にかかわらず必要な経費）に分けて、総費用線を求め、それと売上高線との交点が損益が分岐するところであり、その売上高が損益分岐点の売上高となります。（図表 4－2－6）

損益分岐点売上高＝固定費／（１－（変動費／売上高））

損益分岐点を上回れば、売上高－総費用が利益となります。損益分岐点を下回れば売上高－総費用がマイナスとなり損失が発生します。

利益を生み出す収益体質にするためには、損益分岐点の考え方によると、固定費を引き下げること、売上高対変動費比率を下げて、限界利益率を高めことが求められます。

限界利益とは売上高から変動費を引いた金額で、限界利益率とは売上高に占める限界利益の割合です。

限界利益　＝　売上高　－　変動費

限界利益率　＝　限界利益／売上高×　100

変動費率、限界利益率、固定費は、市場価格の動向、新規設備の導入、人員体制の見直しなどの状況によって変化するものであり、状況の変化に対応し必要に応じて見直しを図っていく必要があります。

損益分岐点比率は、実際の売上高から損益分岐点売上高が何%の位置にあるかをみる指標です。

損益分岐点比率=損益分岐点売上高／売上高×100

損益分岐点比率が低いほど、売上低下による赤字への抵抗力があるということになります。

部門別に損益分岐点分析をしてみます（図表４−２−７)。部門ごとの限界利益率、損益分岐点比率をみて、各部門の課題、改善方法、将来的なあり方について検討します。

限界利益率が低い原因は何か、損益分岐点比率が低い原因は何かを考えます。それに対応した改善策をどうするかを検討します。材料費がかかり過ぎているのか、外注費、その他の変動費などが多いのか、さらには、生産性が低いために、労務費などの固定費がかかり過ぎているのか、などが原因と考えられます。生産性の問題であれば、生産工程などの見直しに着手しなければなりません。

改善を実施しても収益性向上が見込まれないということになれば、その部門の生産・販売を止めるということも検討しなければなりません。

図表４－２－６　損益分岐点分析

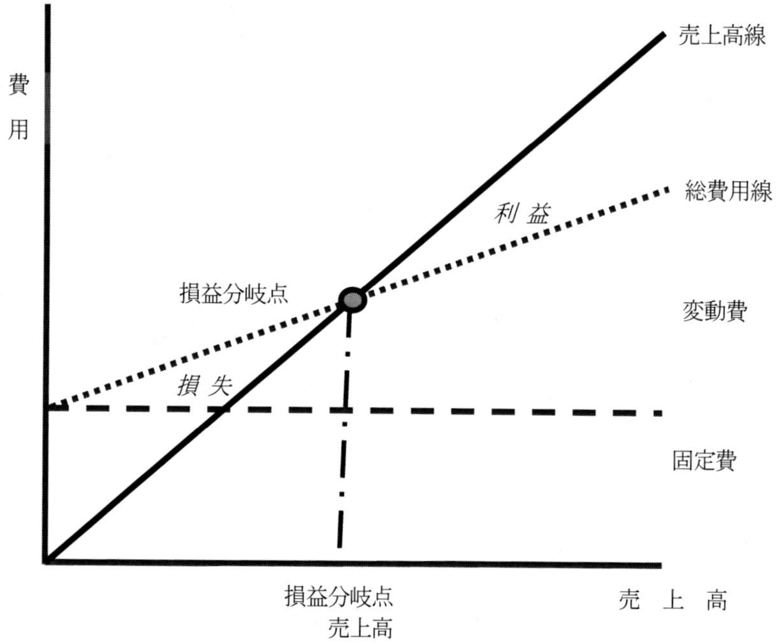

図表４－２－７　部門別損益分岐点分析表

区 分		全 体	A 部門	B 部門	C 部門
売上高　①					
変動費　②					
	材料費				
	外注費				
	仕入れ商品原価等				
	販売費				
	その他の変動費				
限界利益					
限界利益率 ③＝②／①×100					
固定費　④					
	労務費				
	人件費				
	その他の固定費				
	本社等販売費・一般管理費の部門負担額				
	営業外損益の部門負担額（支払利息など）				
経常利益					
損益分岐点売上高 ⑤＝④／(1-③)					
損益分岐点比率 ⑥＝⑤／①					

なお、損益分岐点分析をする場合の固定費と変動費の振り分けについては、個別に勘定科目別に検討する方法、製造業においては材料費・外注費・仕入れ商品原価を変動費とみなしその他を固定費とする方法、製造原価・売上原価すべてを変動費とし販売管理

費をこの割合で案分する方法、中小企業庁の勘定科目振り分け方法などがあります。

中小企業庁の勘定科目振り分け方法は、以下のように勘定科目によって行います[2)]。

【製造業】

固定費　直接労務費、間接労務費、福利厚生費、減価償却費、賃借料、保険料、修繕料、水道光熱費、旅費、交通費、その他製造経費、販売員給料手当、通信費、支払運賃、荷造費、消耗品費、広告費、宣伝費、交際・接待費、その他販売費、役員給料手当、事務員（管理部門）・販売員給料手当、支払利息、割引料、従業員教育費、租税公課、研究開発費、その他管理費。

変動費　直接材料費、買入部品費、外注費、間接材料費、その他直接経費、重油等燃料費、当期製品知仕入原価、当期製品棚卸高―期末製品棚卸高、酒税。

【卸・小売業】

固定費　販売員給料手当、車両燃料費（卸売業の場合５０％）、車両修理費（卸売業の場合５０％）販売員旅費、交通費、通信費、広告宣伝費、その他販売費、役員（店主）給料手当、事務員（管理部門）給料手当、福利厚生費、減価償却費、交際・接待費、土地建物賃借料、保険料（卸売業の場合５０％）、修繕費、光熱水道料、支払利息、割引料、租税公課、従業員教育費、その他管理費。

変動費　売上原価、支払運賃、支払荷造費、支払保管料、車両燃料費（卸売業の場合のみ５０％）、保険料（卸売業の場合のみ５０％）、注：小売業の車両燃料費、車両修理費、保険料は全て固定費。

【建設業】

固定費　労務管理費、租税公課、地代家賃、保険料、現場従業員給料手当、福利厚生費、事務用品費、通信交通費、交際費、補償費、その他経費、役員給料手当、退職金、修繕維持費、広告宣伝費、支払利息、割引料、減価償却費、通信交通費、動力・用水・光熱費（一般管理費のみ）、従業員教育費、その他管理費。

変動費　　　材料費、労務費、外注費、仮設経費、動力・用水・光熱費（完成工事原価のみ）運搬費、機械等経費、設計費、兼業原価。

② 売上分析

ア．詳細分析

売上の状況を分析することが基本です。各部門や製品群ごとに、対前年伸び率、構成比などを月別、年別の推移など詳細な分析を行って、どこに課題があるかを検討します。

- 部門別、製品群別、事業所別（店舗別）、地域別、商品・製品別、得意先別の売上高と推移
- 得意先数、客数の推移
- 店舗別客数・客単価の推移（小売店、レストラン、など）

イ．ＡＢＣ分析

製品等ごとの重要性等を判断したいときは、ABC 分析を行います。

これは製品等ごとの売上高を、売上高の大きい順に並べ、その累積売上高と累積構成比を算出します。70 から 80%未満をＡとし、80 から 90%未満をＢとし、90%以上をＣとします（図表 4−2−8)。そうするとＡにランクされるのは大変少ない製品数であり、ほとんどはＣクラスに分類されることがわかります。少数の製品等が主力製品であることがわかります。またＣクラスは数が多いことがわかります。これらのことからＡクラスの製品の重要性を再認識して、今後のＡクラスの製品をどのような構成にしていくのが良いかの戦略を考えます。またＣクラスについては、取り扱いの見直し等の検討材料とします。

総利益額についてもＡＢＣ分析すると、利益への貢献が把握できます。

図表4－2－8　ABC分析（例）

売上実績

製品名	売上金額（千円）
a	8,500
b	461
c	2,050
d	1,988
e	13,090
f	507
g	7,907
h	6,009
i	4,831
j	4,520
k	400
l	940
m	813
n	1,460
0	408
p	971
q	1,800
合計	56,655

売上ソート→売上構成比の累計でランク付け

製品名	売上金額（千円）	売上順位	売上構成比（%）	構成比累計	ランク
e	13,090	1	23.1	23.1	A
a	8,500	2	15.0	38.1	A
g	7,907	3	14.0	52.1	A
h	6,009	4	10.6	62.7	A
i	4,831	5	8.5	71.2	A
j	4,520	6	8.0	79.2	A
c	2,050	7	3.6	82.8	B
d	1,988	8	3.5	86.3	B
q	1,800	9	3.2	89.5	B
n	1,460	10	2.6	92.1	C
p	971	11	1.7	93.8	C
l	940	12	1.7	95.4	C
m	813	13	1.4	96.9	C
f	507	14	0.9	97.8	C
b	461	15	0.8	98.6	C
0	408	16	0.7	99.3	C
k	400	17	0.7	100.0	C

ウ．PPM分析

PPM（プロダクト・ポートフォリオ・マネジメント）分析は、製品の市場成長率とマーケットシェアなどの相対的競争力をマトリックスに配置して、製品ごとの状況を把握し、製品に対するトータルなマネジメントを行うものです。製品のライフサイクルを前提に考えられています。

図表4−2−9のように、マトリックス[3)]に分類し、競争力が高く市場成長率も高いものは、企業経営においては花形製品です。競争力が高く市場成長率が低いものは、出て行くお金が少なく金のなる木です。市場成長率が高く競争力が低いのは問題児ですが、これは、花形製品に発展するか、負け犬になるかです。この分かれ目は、市場の状況と企業の対応にかかっているといえます。そのための見極めと戦略が求められます。

図表４－２－９　ＰＰＭ（プロダクト・ポートフォリオ・マネジメント）分析

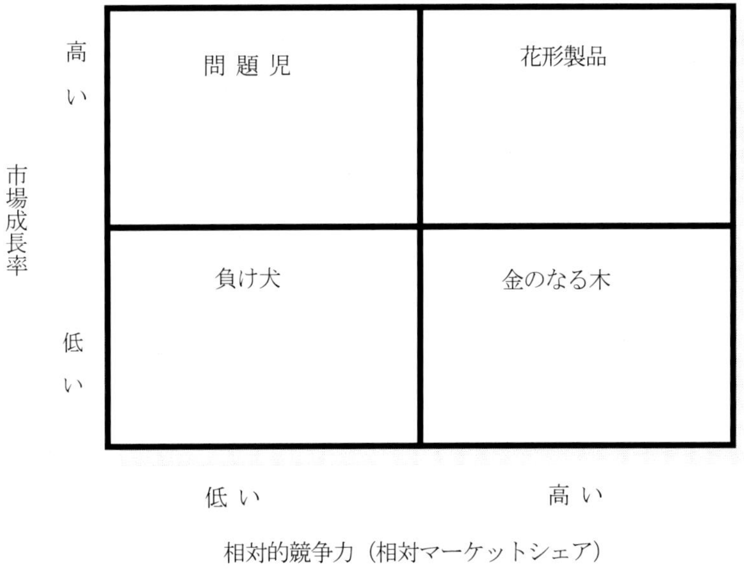

花形製品も消費者への新鮮な感動を感じてもらえるものにしていくという企業の対応如何により、金のなる木になるか、負け犬になるかが方向付けられます。

問題児はライフサイクルの導入期にあたり、花形製品は成長期に、金のなる木は成熟期に、負け犬は衰退期にあたるともいえます。

しかし、「花形製品」「金のなる木」等のラベル付けにこだわることなく、市場成長率と相対的競争力を見るために活用するとよいでしょう。

このように、ＰＰＭ分析においては、その製品にかかる状況を把握するとともに、それに対してどう対応していくかを判断するためのものです。この判断によって、今後の企業の発展が左右されます。

中小企業において、このＰＰＭ分析を使って企業の製品別の現状を考え戦略をたてる場合に、市場成長率が分からないときは、製品別の売上高成長率（対前年伸び率）を使い、相対的競争力は売上高対総利益率を使って分析してみます。

例えば、図表 4−2−10 のような結果になった場合、製品Aは製造開始から長くたっていれば一定の収益を出しているが今後成長率がより以上に低下することが懸念されます。製品Cは製造開始からあまり期間が経っていないときは今後発展をして総利益率が上がっていけば当社の花形製品になる可能性があります。そのため、どのような戦略をとるかを検討します。

図表４−２−１０　ＰＰＭ（プロダクト・ポートフォリオ・マネジメント）分析の結果（例）

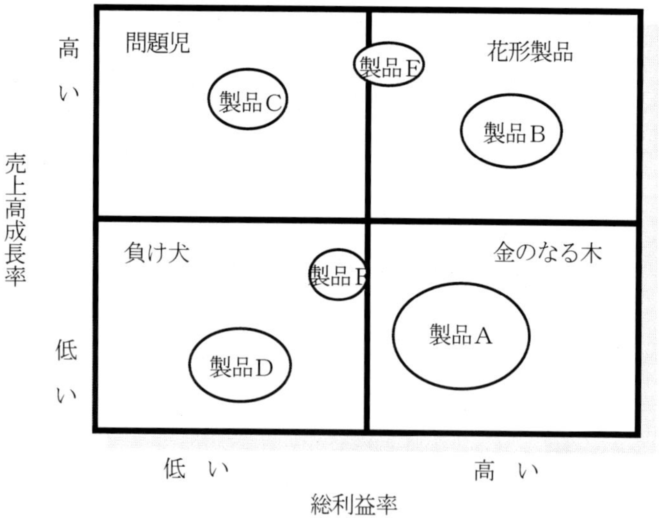

※製品ごとの円の大きさは売上高を示します。

エ．売上要因分析

顧客アンケート調査により、製品別、店舗別などの顧客満足度、顧客価値度についての調査分析を行います。また、さらに商品・製品群別に顧客満足度、顧客価値度との要因項目との相関分析を行うことによって因果関係を把握します。（第３章第２節参照）

その結果をもとに、売上高増加策などを検討します。

③ 生産性分析

部門別や製品別に

一人当たり売上高

一人当り加工高（総利益）

一人当り経常利益

などの生産性を分析します。これによって、会社全体の生産性、そのうちのどの部門、どの店舗、どの製品の生産性が悪いのかなどを一覧表にして見える化します。

これによって生産性が悪いとわかった部門、製品などについて要因・原因を把握します。その際は関係者が集まって、データ等に基づいて、生産性が悪い理由、要因・原因を探します。わからないということになると会社の発展が危ういということになります。

④ 効率性分析

交差主義比率は在庫投資の効率性をみる指標で、小売店や卸売店などにおいて使います。数値が大きいほど商品効率が良いと考えられます。

交差主義比率＝売上総利益／平均在庫高

＝（売上高／平均在庫高）×（(売上総利益／売上高）×100)

（商品回転率）　　　　　　（売上総利益率）

図表 4−2−11 の例では、同じ売上高でも、商品ＢＢが最も商品在庫効率が良いと判断できます。

図表４－２－１１　交差主義比率分析の例

商 品	ＡＡ	ＢＢ	ＣＣ
売上高	1,000 万円	1,000 万円	1,000 万円
平均在庫	200 万円	100 万円	200 万円
売上総利益率	２５％	２５％	３０％
交差主義比率	１２５	２５０	１５０

⑤ 収益性分析

部門別の総利益率、総利益額などをみてみます。総利益の状況をみるときは原価が問題ですので、従業員一人当たり原価費目別金額の推移もみてみます。

利益貢献度分析は、交差主義比率を使って、どの商品が最も売上総利益に貢献しているかを見る総合指標です。売上高、売上総利益、在庫高（したがって回転率）にもとづいて判断します。（図表４―２―12）

貢献度の構成比の割合が高いものが、利益貢献度が高いということです。

図表４－２－１２　利益貢献度分析のフレームワーク・シート

商品	売上高 ① 万円	売上高構成比 ② %	売上総利益率 ③ %	平均在庫率 ④ 万円	商品回転率 ⑤(①／④) 回	交差主義比率 ⑥＝③×⑤	貢献度 ⑦＝②×⑥÷100	構成比 %
A								
B								
C								
合計								

２．問題点、課題と因果関係の把握

数値データの把握をした後は、問題点、課題の把握とその要因、原因の把握を行いま

す。そしてこの問題点、課題の要因、原因との因果関係を把握することが必要になります。

その場合は、

- 定性的な分析結果による要因・原因と定量的な分析結果による要因・原因を洗い出すこと
- 現場、ミドル、トップが検討した要因・原因を洗い出すこと
- 要因・原因のグループ分け（例：A製品群生産の第３加工工程の問題、B生産の生産システムの問題、マーケティングにおける顧客調査の方法及び調査結果の解釈誤り、など）
- 要因・原因相互作用関係図（因果関係図）の検討、作成
- それに基づく要因・原因マップの作成

というステップで行いたいものです。現場、ミドル、トップの各段階において、社内の関係者の意見、議論を踏まえて、検討を進め、確定していきます。

３．経営の改善、経営の革新のための戦略、計画の策定

数値データの活用により、問題点、課題を把握したあと、その経営の改善、経営の革新のための戦略及び計画の作成をします。

計画においては、

課題及び要因・原因の把握結果を反映した改善の方向性

を明記します。経営の改善・革新の戦略と実行計画です。

経営の改善・革新の計画を踏まえて、その具体的計画である、

- **売上計画**
- **変動費計画**
- **固定費計画**
- **組織マネジメント計画**
- **中期経営計画（中期損益計画、中期貸借対照表計画、中期資金（キャッシュフロー）計画）**

など

の計画を作ります。

4．経営の改善、経営の革新の実践

このような経営の改善、経営の革新に取り組む場合は、対症療法ではなく根治療法という視点で取り組む必要があります。目の前の結果を安直に改良するというのではなく、結果をもたらしている要因・原因を把握、その要因・原因を根治的な対応策を実践します。経営の改善、経営の革新の実践です。

そして実践しながら、経営を進めながら、ドラッカーの５つの質問に対する回答を意識して経営を進めていくことが、大変重要です。

ドラッカーの５つの質問は、

第一の質問　「われわれの使命は何か？」

第二の質問　「われわれの顧客は誰か？」

第三の質問　「顧客は何を価値あるものと考えるか？」

第四の質問　「われわれの成果は何か？」

第五の質問　「われわれの計画は何か？」

です。(図表４−２−13)

第１に、顧客にどんな貢献をしようとしているのか。使命は何かです。経営者が考え続けなければならない最も重要なことです。

第２には、事業の目的は、顧客の創造です。対象とする顧客を明確にすること、再確認することです。

第３には、顧客にとって、重要なものは何かです。顧客にどのような価値を提供するのか。顧客に何を提供すべきかです。

第４には、何を成果とし、何で測るかです。

第５には、使命・ミッションを実現するための設計図づくりです。活動、役割分担及び事業存続に関わるものを計画します。ただ場当たり的な改善・革新ではダメです。

経営の改善、経営の革新等の実践において、常に、この５つの質問に立ち返りながら、経営活動に取り組み、成果を出していきます。

図表 ４－２－１３　　ドラッカーの５つの質問

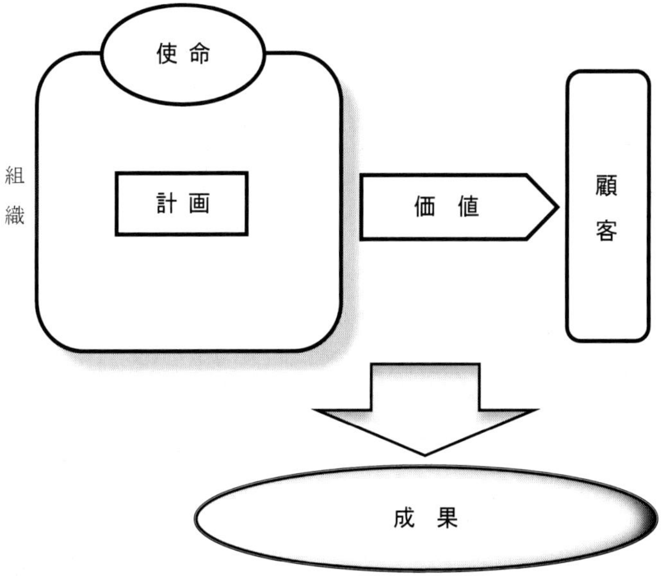

筆者作成

【各経営主体のためのヒント】

＜地域中小企業＞

経営数値データの把握、活用を図る機能を果たす機関として経営会議がありますが、中小企業における経営状況の実態[4)]をみてみると、経営会議の開催頻度は、「開催していない」6.9%、「半年ごと」8.2%、「四半期ごと」10.7%、「毎月」56.7%、「隔週」3.5%、「毎週」7.9%、「その他」4.1%、「無回答」2.0%となっています。毎月が最も多くなっています。

経営計画実現をフォローする取り組み状況をみると、「月次計画を策定している」52.6%、「計画の達成・進捗状況を定量的に把握、評価している」51.3%、「環境変化や計画達成状況によって、柔軟に計画を修正している」30.6%、「自社の強み・弱みを分析して、その結果を反映させている」24.8%、「市場環境や経済状況等を分析して、その結果を反映させている」22.7%、などが多く、企業の発展のために一定程度は結果の分析検討などPDCAが回っている可能性が窺えます。

このように中小企業においては、経営会議の開催や経営計画のフォローに取り組まれている状況ですが、ただ取り組んでいることに満足することなく、成果を出すよう、経営活動に取り組みます。

＜NPOなどの非営利的組織＞

NPO法人は、51,260です（平成28年9月30日現在、内閣府)。

このＮＰＯ法人の実態調査[5)]によると、常勤有給職員数「１人以上」は62.3%です。特定非営利活動事業の収益合計が1,000万円を超える法人数は全体の64.8%、１億円超の法人は11.3%です。一定の収入規模を持っています。

このようなＮＰＯ法人が抱える課題としては、「人材の確保や教育」「収入源の多様化」「法人の事業運営力の向上」が挙げられています。

また、「ＮＰＯの課題は「経営能力」と「財務基盤」にある」と指摘されています[6)]。さらに、ＮＰＯ等の自立した活動に向けた課題として、「ＮＰＯ等の給与が不十分であることなどから、ビジネスのノウハウを持った人材を雇用することができていない」「ＮＰＯ等の事業活動に活用できる経営ノウハウ、専門ノウハウに関してのニーズが存在しているものの、十分に提供されていない」という指摘もなされています[7)]。

以上のことから、NPOとして、経営課題に対応した「経営」（運営ではなく）を進めることが喫緊の課題といえます。

そのためには、数値データの把握、分析と、これによる課題への対応、つまりは組織・法人としての経営の改善、経営の革新に取り組んでいくことが必要です。本書において示したフレームワーク、手法などを活用して、NPO法人としてのミッションを果たしていくことが求められています。

1) 株式会社富士通マーケティング（2014）「中堅中小企業における経営数字データの利用実態調査レポート」。
2) http://www.chusho.meti.go.jp/bcp/contents/level_a/bcpgl_05c_4_3.html。
3) ＰＰＭマトリックスにおける相対的競争力については、右側が「低い」で左側が「高い」というのが一般的なようですが、図解のように反対の方が理解しやすいので、そのように記載しています。
4) 関東経済産業局（2010）「平成２１年度地域中小企業活性化政策委託事業（中小企業経営のあるべき姿に関する調査）報告書」。
5) 内閣府（2016）「平成 27 年度　特定非営利活動法人及び市民の社会貢献に関する実態調査報告書」。
6) 社団法人経済同友会（2005）「社会変革イノベーションに挑むＮＰＯには 優れた経営者と志ある資金が必要である－企業経営者からの提言、企業経営者としての行動計画－」。
7) 内閣府（2013）「第１回共助社会づくり懇談会（事務局資料）」。

主要参考文献

ポーター（1985）『競争優位の戦略』ダイヤモンド社

キャプラン・ノートン（2001）『キャプランとノートンの戦略バランスト・スコアカード』東洋経済新報社

コトラー&ケラー(2008)『コトラー&ケラーのマーケティング・マンジメント基本編(第3版)』ピアソン桐原

シュミット（2000）『経験価値マーケティング』ダイヤモンド社

ドラッカー・スターン（2000）『非営利組織の成果重視マネジメント』ダイヤモンド社

ハメル・プラハラード（2001（1995））『コア・コンピタンス経営』日本経済新聞社文庫版

池島政広（2007）「知的資産経営による企業の再生」（三田商学研究（慶應義塾大学出版会）第50巻3号、2007年8月）

石井淳蔵（2012）日本マーケティング学会 、facebook(http://www.facebook.com/home.php#!/japan.marketing.academy)　2012.8.10（2012.12.4日閲覧）

石井淳蔵・栗木契他（2004）『ゼミナール　マーケティング入門』日本経済新聞社

伊丹敬之・加護野忠男（2003）『ゼミナール経営学入門　第3版』日本経済新聞社

伊藤良二（2005）『成功するビジネスプラン』（日本経済新聞出版社）

伊藤和彦・上宮克己（2007）『［新版］小さな会社にも活用できる！バランス・スコアカードの創り方』同友館

一般財団法人知的資産活用センター「知的資産経営アカデミー」教材

海野進（2004）『これからの地域経営』同友館

海野進（2009）『地域を経営する－ガバメント、ガバナンスからマネジメントへ』同友館

海野進（2012）「地域経営における成果指標としての地域顧客満足度，地域顧客価値度に関する一考察」（ 日本経営診断学会論集，Vol. 11，pp.131-137）

海野進（2014）『人口減少時代の地域経営－みんなで進める「地域の経営学」実践講座』(同友館)

大出訓史・今井篤他（2007）「語彙間の主観的な類似度による感動語の分類」（『自然言語処

理』Vol.14 No.3（Apr.2007））

大出訓史・今井篤・安藤彰男・谷口高士（2011）「音楽聴取における「感動」の評価要因～感動の種類と音楽の感情価の関係～（NHK 技研 R&D/No.126、2011 年 3 月）

緒方知行編著（2007）『鈴木敏文 経営の不易』日本経済新聞出版社

岡林秀明（2010）『コトラーのマーケティング理論が 2.5 時間でわかる本』TAC 出版

恩蔵直人(2004)『マーケティング』日本経済新聞出版社

恩蔵直人（2006）「コモディティ化市場における市場参入戦略の枠組み」『組織科学』Vol.39 No.3(2006):pp.19-26

恩藏直人（2012）日本マーケティング学会、facebook(http://www.facebook.com/home.php#!/japan.marketing.academy）2012.11.16　（2012.11.16 日閲覧）

勝見明（2006）『鈴木敏文の「統計心理学」』日本経済新聞社

京都府（2008）『知恵の経営報告書』

経済産業省（2005）『知的資産経営の開示ガイドライン』

国貞克則（2007）『財務３表一体理解法』朝日新聞出版

古賀智敏(2012)『知的資産の会計　改訂増補版』千倉書房

小山昇（2009）『経営の見える化』中経出版

嶋口充輝・和田充夫他（2004）『ビジネススクール・テキスト　マーケティング戦略』有斐閣

嶋津和明・稲葉喜子他（2011）『ここからはじめる図解・会計入門⑧経営計画と会計』すばる舎

高橋義郎（2007）『使える！バランス・スコアカード』PHP 研究所

中小企業基盤整備機構（2007）『中小企業のための知的資産経営マニュアル』

中小企業基盤整備機構（2008）『事業価値を高める経営リポート作成マニュアル』

中小企業診断協会（2012）『知的資産経営支援マニュアル』

手塚公登・小山明宏他（2002）『経営学再入門』同友館

長沢伸也編（2005）『ヒットを生む経験価値創造－完成を揺さぶるものづくり－』日科技連

出版社

長島俊男（1981）『新訂2版 倒産分岐点』同友館

東利一（2009）「コト・マーケティングー顧客をコトとして捉えるー」流通科学大学論集ー流通・経営編ー第21巻第2号，115-127

東利一（2012）「コトの多義性を整理する」流通科学大学論集ー流通・経営編ー第24巻第2号，75-87

藤井智比佐（2004）『図解入門　最新　バランス・スコアカードがよ〜くわかる本』秀和システム

堀越吉太郎（2014）『ガーバー流　社長がいなくても回る「仕組み」経営』KADOKAWA

松井忠三（2015）『図解　無印良品は、仕組みが9割』KADOKAWA

望月恒男（2014）「知的資産経営の展開とBSC」（商学研究（愛知学院大学商学会）、第54巻第2・3号、2014年3月）

矢野弘樹・三重野研一（2010）『ここからはじめる図解・会計入門②財務諸表』すばる舎

山下隆弘（1994）「マーケティングの新動向」岡山大学経済学会雑誌25(4), 1994, pp. 27－47.

山田康裕（2006）「知的資産をめぐる管理会計手法の発展」（彦根論叢（滋賀大学）363号、2006年11月）

索　引

◇著者紹介◇

海野　進（うみの　すすむ）

中小企業診断士（経済産業大臣登録）

富山県生まれ。同志社大学経済学部卒。
地方自治体、社会福祉団体、産業支援機関等において、企業診断、地域活性化、福祉関係事業所経営支援、中小企業等の経営支援などに携わる。
知的資産経営認定士（一般財団法人知的資産活用センター）。
日本経営診断学会会員。

【著　　書】

『人口減少時代の地域経営－みんなで進める「地域の経営学」実践講座』（同友館、2014年）
『地域を経営する－ガバメント、ガバナンスからマネジメントへ』（同友館、2009年）
他

HP　：　http://localmanagement.world.coocan.jp/　〈地域経営研究所〉

経営課題の解決に向けたフレームワーク活用
―地域中小企業、非営利的組織の持続的発展のヒント―

2017年4月5日　初版発行

著者　**海野　進**

定価（本体価格2,000円＋税）

発行所　株式会社　三恵社
〒462-0056 愛知県名古屋市北区中丸町2-24-1
TEL 052 (915) 5211
FAX 052 (915) 5019
URL http://www.sankeisha.com

乱丁・落丁の場合はお取替えいたします。

ISBN978-4-86487-631-5 C2034 ¥2000E